Révélations
Cabalistiques

D'une médecine universelle
tirée du vin

UNICURSAL

Copyright © 2018

Éditions Unicursal Publishers
www.unicursalpub.com

ISBN 978-2-924859-80-3

Première Édition, Lughnasadh 2018

RÉVÉLATIONS CABALISTIQUES

D'UNE MÉDECINE UNIVERSELLE TIRÉE DU VIN

*Avec une manière
d'extraire le Sel de la Rosée
et une Dissertation sur les*
LAMPES SÉPULCRALES

Par le Sieur GOSSET, Médecin à Amiens

Aux dépends de l'Auteur
AVEC PRIVILÈGE DU ROI
M. DCC. XXXV

UNICURSAL

PRÉFACE

L a prévention chez le commun des Hommes, a tant de force qu'elle leur tient lieu de loi inviolable pour aimer ou haïr ce qu'ils ont imaginé être bon ou mauvais. Le mépris, ou plutôt l'horreur que les Médecins ignorants leur ont inspiré de la Chimie, est devenu la cause de la retenue que les plus habiles Médecins ont eu de s'en servir, & de faire part au Public de leurs découvertes.

Il est vrai que l'on a raison de se plaindre de certains caractères, des noms inconnus, des figures hiéroglyphiques, des manières de parler embarrassantes & énigmatiques, que ceux qui ont traité de cet Art ont employés dans leurs Écrits ; mais ce sont les Auteurs, & non pas l'Art qui a manqué.

La Chimie ne consistant qu'à séparer le pur de l'impur dans tous les mixtes de la nature, il n'y a point d'occupation plus nécessaire, & qui doit être plus recherchée pour l'usage de la Médecine.

Si l'action d'un mixte dépend des parties les plus subtiles qu'il renferme, & tient [5] embrassées dans sa substance, n'est-ce pas une conséquence juste, qu'en retirant ces parties, & les dégageant de la matière, elles aient beaucoup plus de vertu que si elles demeuraient enveloppées?

N'est-il pas aussi plus à propos d'employer trois gouttes d'huile de cannelle, dans un véhicule convenable, qu'une drachme de la poudre de cette écorce, qui ne fera que charger l'estomac, & ne pourra se distribuer aux parties si promptement, ni avec tant d'utilité?

Sans doute que l'on doit préférer les essences, les élixirs, les esprits, les sels fixes & volatiles, à la substance grossière des choses dont ces remèdes ont été tirés.

Ne semble-t-il pas que la Médecine vulgaire prenne l'estomac délicat d'une Fille pour celui d'une Autruche, quand elle lui ordonne de la poudre d'acier, au lieu des teintures & des sels qu'on en peut extraire, par les fins qu'on se propose?

En un mot, pour autoriser l'usage de la Chimie, on entretient, par la magnificence de nos Rois, à Paris, un Laboratoire au Jardin Royal, où il y a un Professeur qui y enseigne tous les ans cet Art; où non seulement les Écoliers de Médecine, mais plusieurs personnes curieuses, se rendent pour y profiter des Leçons, & y voir les opérations qu'on y fait.

D'ailleurs, tous nos Médecins modernes ne parlent plus que d'acides, d'alcalis, que des soufres, des sels, &c.,

pour expliquer les causes différentes des maladies, pour,
la guérison desquelles ils emploient la plupart des remèdes chimiques, acides, alcalis, & des extraits amers, que
l'on prend en bol préférablement aux plantes, dont la
Médecine vulgaire ordonne des infusions très désagréa-
bles.

On doit donc être convaincu que cet Art mérite la
préférence pour être mis en usage, tant pour conserver la
santé, que pour guérir les maladies, *tuto, cito & jucundè.*

Les Médecins d'Angleterre, surtout ceux de Londres,
que nous estimons fort habiles, mettent journellement
en pratique la Pharmacopée Batéane, qui est toute
chimique.

On a mis dans l'esprit du vulgaire que les remèdes
chimiques sont chauds & violents ; ce n'est point le sentiment d'Hippocrate, ni des plus habiles Médecins de
ce temps, qui ne reconnaissent ni chaud ni froid pour
causes des maladies, non plus que pour les effets des remèdes bons ou mauvais.

Le plus ancien de tous les Arts est la Chimie : il a fallu
y avoir recours pour rendre les métaux flexibles. Sans cet
Art, on ne pourrait faire ni chaux, ni briques, ni tuiles ;
& les Cuisiniers sans le secours de la Chimie naturelle,
ne pourraient apprêter leurs viandes.

Après tout ce que je viens de dire, il y a encore une
autre espèce de Chimie ; c'est-à-dire, Alchimie, par le
moyen de laquelle on fait une analyse des trois règnes,
minéral, végétable & animal, d'une manière si exacte,

qu'elle ne laisse rien dans l'intrinsèque de leur substance, qu'elle ne le réduise à l'état élémentaire.

Quant au règne minéral, [10] on demande si on peut faire une transmutation des métaux? Tous les Savants n'en doutent pas; mais ils conviennent que c'est perdre son temps à la rechercher, attendu la difficulté de la trouver. Effectivement, tout ce qu'en ont dit les Philosophes hermétiques n'a été que pour prouver son existence, & en éloigner la connaissance. Le règne animal est d'autant plus propre à fournir des remèdes convenables, qu'il combine en tout avec la nature humaine. Le règne végétable est celui dont nous avons à traiter à fond, prenant pour notre Matière première, ou Sujet chimique de ce règne, le vin. [11]

Cette agréable liqueur qui, après sa première fermentation, est reconnue pour la meilleure de toutes les boissons, laisse un grand préjugé pour espérer d'en extraire des remèdes très précieux.

C'est avec raison qu'il est appelé le roi des végétaux, & or potable végétable. On en tire ordinairement un sel volatile, éthéré, dissout dans du phlegme, appelé communément esprit de vin; comme aussi un vinaigre, un sel de tartre fixe, une huile & une terre; mais j'enseignerai à en tirer huit ou neuf substances toutes différentes en couleur, odeur & saveur, comme on verra par les analyses que je distinguerai en autant de Chapitres. J'entreprends de donner cet Ouvrage au Public par un motif de charité: Je me ferais un scrupule de tenir caché ce qui peut produire un bien considérable pour conserver la santé, & guérir beaucoup de malades.

Il est à craindre néanmoins, à cause du long travail & de l'attention qu'il faut pour bien opérer, que ce remède ne se puisse trouver chez les Apothicaires, ou que ce ne soit comme de l'antihectique de Potier, ou de l'esprit volatile huileux de Sylvins, lesquels remèdes se débitent tous les jours sous les noms de ces Auteurs, quoiqu'ils n'en aient laissé la connaissance à personne.

S'il est vrai que l'Art de Médecine est long, & la vie de l'homme courte, selon Hippocrate : *Ars longua via brevis* ; c'est sans doute à cause de la grande difficulté qu'il y a de reconnaître les différentes causes & les différents symptômes des maladies ; & en conséquence, de trouver des remèdes efficaces.

Entre les Médecins qui en ont écrit, il s'en est vu quelques-uns, comme Van Helmont, Paracelse, & plusieurs de leurs Sectateurs, qui se sont mis à déclamer contre les autres, de ce qu'ils ne faisaient de belles cures comme eux.

Tous les autres Médecins ont répondu fort à propos, que si ceux-là avaient parlé le langage du commun des hommes, on aurait pu profiter de leurs leçons ; mais qu'ayant voilé leurs arcanes, & seulement publié leurs vertus l'impossibilité d'imiter ces Auteurs les a rendus méprisables.

Or je viens aujourd'hui mettre au jour la plus grande partie de ce qui était dans les ténèbres. Je donne à connaître le chemin qu'il faut tenir pour mettre en exécution une Médecine qui est appelée, à juste titre, universelle, parce qu'elle guérit toute seule plus de malades, que cinq cents remèdes communs & ordinaires ne peuvent faire. Il est vrai que cette seule Médecine demande un travail considérable : *Dii, laboribus vendunt Artes.* Mais il sera bien récompensé. Ce travail conduira l'Artiste à des découvertes de la Médecine, dans cinq ou six mois, plus que la vie tout entière ne pourra faire à celui qui persistera dans l'étude continuelle de la Médecine telle qu'on lui aura enseignée.

La résolution des corps, & leurs principes, couleurs, compositions, après leur résolution, donne une parfaite connaissance de la nature, parce que les principes en sont incorruptibles & inaltérables ; & d'autant que le corps humain ne souffre qu'à cause du mauvais mélange des éléments qui le constituent, si on sait l'art de purifier les médicaments que l'on donnera aux malades, on saura celui de les guérir.

On ne saurait trop déplorer l'abus qu'il y a dans la pratique & l'usage commun des remèdes, & ce qui n'est pas remède. Je ne sais par quelle raison il y a nombre d'années, que l'on se portait, pour ainsi dire, avec fureur, tous les ans au matin dans le mois de Mai, derrière une Vache, comme à la Fontaine de jouvence, pour y recevoir de l'eau de mille fleurs, & la boire toute nouvelle ; c'était son urine.

Il me paraît que pour cela on serait prévenu faussement; que c'était un remède simple & innocent : aussi faut-il être simple pour commettre pareilles extravagances.

Mais pour ne point me détourner de mon sujet, il faut avouer que dans les Dispensaires ordinaires de Médecine, on n'y verra pas une composition décrite si longue & si laborieuse que celle que je donne au Public.

Je ne prétends pas néanmoins que le mystère consiste au travail en tant que travail; mais je fais connaître que chaque élaboration sur un mixte, faite à propos, lui donne une nouvelle force, plus belle couleur & meilleure odeur : on distingue par les sens, comme par la raison, que c'est un chemin qui imite la nature qu'il faut suivre pour réussir, & on apprend par ce moyen à devenir bon Philosophe & bon Médecin.

Les Philosophes ont distingué toutes les substances sublunaires en trois règnes, minéral, végétable & animal.

Le sujet de notre œuvre se tire du règne végétable, comme il est dit, ce qui n'exclut point la possibilité pareillement d'extraire une Médecine universelle de chacun des deux autres règnes.

Quant au minéral, je sais qu'on en peut faire de bons remèdes; mais le danger qu'il y a de travailler sur des matières qui abondent en soufres impurs & arsenicaux, m'ont empêché de mettre la main à l'œuvre.

Quant à celle que l'on peut tirer des animaux, elle me paraît bien faisable, & digne d'être entreprise par un curieux.

Je sais qu'un Prince d'Allemagne s'entretenait dans un état de jeunesse, quoiqu'il fût âgé, par l'usage d'une liqueur, ou élixir tiré d'un Cerf tout entier. On sait aussi que le Cerf peut vivre plusieurs siècles, & que l'on peut par conséquent en extraire des principes de vie de plus longue durée.

A ce sujet, on mit tout le corps d'un Cerf en pièces; après en avoir séparé les excréments, on fracassa les os: le tout fut mis en digestion, puis distillé au bain-marie dans un alambic de proportion à pouvoir le contenir: la liqueur étant distillée on en sépara le phlegme & les esprits salins, par des digestions & cohobations réitérées, la matière restante dans l'alambic fut poussée par plusieurs cornues, elle donna une huile jaune, & une autre noire, sur la fin fort puante. La tête morte qui resta fut calcinée: on en tira un sel volatil & un fixe: on en sépara une terre qui fut purifiée & servit [21] à dépurer les huiles & en tirer la puanteur: plusieurs élaborations furent faites sur chacune de ces substances, jusqu'à ce qu'elles fussent réduites à l'état élémentaire, sans aucun mélange de matières excrémentieuses, pour lors on fit la jonction de tous les principes; il en résulta un élixir ou liqueur très suave, fort pénétrante & d'une vertu singulière pour prolonger la vie.

Voilà la description de la Médecine universelle du règne animal en abrégé. Si quelqu'un veut l'entreprendre & la mettre en pratique, l'intelligence du procédé de notre œuvre végétable sera d'un grand secours pour y réussir. Pour ce qui est du règne végétable, ayant réfléchi que parmi les substances alimentaires de ce règne, dont l'homme faisait usage, on ne pouvait rien trouver de meilleur que le vin. J'en fis une analyse, comme il est dit, de plusieurs substances, que je trouvai toutes bonnes ; chacune desquelles, après avoir été purifiées & séparées de leurs parties grossières & superflues, par art, je m'aperçus qu'étant ainsi élaborées, elles étaient infiniment meilleures, & qui, pour servir de remèdes, avaient beaucoup plus de vertu que tous les vins les plus exquis qu'on aurait pu trouver.

Ce qui m'occasionne d'en faire un détail & d'en donner la connaissance au Public.

Pour y réussir, j'explique toutes les manipulations à la lettre, & suivies par ordre, d'une manière assez intelligible, mais sans élégance, pour faire une analyse exacte du vin à ne pouvoir s'y tromper.

Tout ce que les Auteurs en ont dit est incomplet, & ne sont que de rapsodies ; d'ailleurs s'il se rencontre quelque Critique qui veuille trouver à redire au grand nombre des opérations, je lui répondrai qu'il faut pour rendre un art parfait, imiter la nature que fait le pépin du raisin pour produire la vigne : il faut qu'il soit mis en terre, qu'il y reçoive une digestion qui ouvre & dilate

tous ses pores, & que par le concours des esprits il se
fasse une union vers la pointe du grain pour y former un
germe ; que ce germe soit fomenté & entretenu pendant
tout l'hiver, pour paraître au printemps, & former alors
une petite plante ; que cette plante soit nourrie par le
suc de la terre, humectée par la pluie & la rosée, aidée
des rayons du soleil, pour à la fin produire un raisin qui
contient un jus qui d'abord est âpre, & à mesure qu'il
grossit devient acide : cet acide, à l'aide d'une chaleur
externe, se change en une liqueur douce & agréable.

Tous ces progrès que la nature fait, paraissent mer-
veilleux pour former un raisin. Cela posé, combien doit-
on faire estime d'une analyse par laquelle on pourra extraire plusieurs substances d'un mixte si parfait, qu'elles
aboutiront dans leur réunion, après les dépurations &
digestions requises, à un seul point, où l'on trouvera
une concentration de toutes les vertus médicinales, ca-
pables de maintenir l'homme dans une santé parfaite,
& de lui prolonger la vie aussi longtemps que les plus
âgés de notre siècle ? La preuve d'un long travail, pour
faire quelque chose de grand, nous est encore bien dé-
montrée par d'autres productions de la nature. Si l'on
considère le nombre des années que l'or & l'argent re-
quièrent pour se perfectionner dans les entrailles de la
terre, on conviendra que cela n'a pu se faire que par des
longues élaborations, à la différence du fer, du plomb, &
des minéraux ; les uns plus, les autres moins avancés, qui
se trouvent en abondance par tout, parce que la nature

n'a point été obligée d'employer beaucoup de temps à les produire ; les plantes mêmes qui sont plus longtemps dans la terre, étant mieux nourries, deviennent plus fortes ; de sorte que la nature est un miroir qui représente comme un tableau, tout ce que l'art doit imiter. Je dis plus, que comme depuis le péché du premier homme, la nature a dégénéré dans ses productions, jusqu'à former des poisons en quantité, le Seigneur par un principe de bonté a bien voulu donner aux Hommes la connaissance de séparer ces venins des mixtes qui le contiennent par le moyen de la Chimie ; & si les substances les plus malfaisantes peuvent être améliorées à pouvoir entrer dans le corps humain sans l'endommager, que ne doit-on point espérer du vin (qui est de lui-même & sans aucune préparation, une des plus agréables liqueurs) quand il sera parvenu après une dernière élaboration à une parfaite quintessence ? Ce qu'on appelle quintessence, c'est la partie la plus subtile & la plus pure d'un mixte duquel on a séparé tout ce qui est impur & nuisible à la santé. Pour mieux concevoir encore ce que c'est, nous en jugerons par l'exemple d'une bouteille pleine d'un très bon vin, débouché & exposé à l'air au bout de huit jours, le vin aura perdu toute sa qualité & ne sera plus potable : or ce qui aura fait la dégradation de cette liqueur, se sera tout au plus le poids d'une dragme des esprits les plus subtils dissipés.

D'ailleurs pour distinguer cette quintessence d'avec les substances grossières des Médicaments composés, &

des aliments dans l'usage qu'on en fait, ne faut-il pas que ceux-ci soient subigés, filtrés & dissous par la chaleur naturelle, avant que leurs parties les plus subtiles puissent parvenir aux dernières digestions; à la différence de la quintessence, qui se communique par radiation en pénétrant tout le corps humain comme une lumière qui, se joignant aux esprits qui nous animent, leur donne un renfort qui les fait agir suivant leur destination naturelle?

On dira que l'on a des compositions en quantité, pour remédier à tous les maux qui se présentent, c'est peut-être à mon avis ce qui fait une confusion dans la Médecine; car comment concevoir qu'il faille soixante-cinq ou six sortes de drogues pour la Thériaque, tandis qu'une douzaine bien choisies pourraient suffire? Je m'étonne encore de ce que cette composition étant un mélange de vomitifs, de purgatifs, de sudorifiques, des diurétiques & d'astringents pourquoi vouloir présumer que la combinaison de toutes ces drogues d'une vertu opposée, puisse concourir à faire du bien? Ne semble-t-il pas qu'une confusion d'ingrédients a été inventée en grand nombre, par le défaut d'avoir connu leurs vertus, & dans l'intention que si l'un ne porte point coup, l'autre puisse agir?

D'ailleurs si on fait réflexion que le Seigneur a créé les médicaments pour l'usage de l'homme, comme dit l'Écriture, il est à présumer qu'il a donné à chaque plante une vertu spécifique & particulière pour un mal. Le Seigneur n'a pas créé des êtres sans nécessité, comme feraient plusieurs plantes d'une même vertu, tendant à une même fin, dont la composition serait à charge à la nature, ou du moins inutile.

Mais on dira qu'il est à propos de mêler des correctifs ; principalement dans les compositions des médecines purgatives, qui portent toujours avec elles des principes irritants, qu'il faut adoucir par un mélange de remèdes anodins & confortatifs. En ce cas, je demande s'il ne vaudrait pas mieux retrancher par la Chimie ce que les remèdes purgatifs ont de mauvais, plutôt que de les associer avec des bonnes choses, prétendant [33] les corriger ; car de cette dernière manière, c'est mêler du bon avec du mauvais, & ce n'est point ôter le mauvais : de sorte que pour pareilles compositions on entre tous les jours en dispute, l'un veut un correctif d'une façon, l'autre d'une autre, ce qui donne lieu à des disputes sans fin ; à la différence de notre Médecine universelle, qui guérit par la première intention de la nature ; c'est-à-dire, en calmant toutes ses irritations, fortifiant la chaleur naturelle, & arrêtant la dissipation des esprits ; & cette guérison par la première intention est véritablement celle que tous les Médecins doivent essayer de procurer à leurs malades, parce qu'ils sont guéris agréablement en peu de temps, & sans mauvaise suite ; c'est pour cela que je crois être obligé de déclarer mon remède au Public.

Je m'offre aussi, pourvu que l'on m'exempte du port des lettres, de répondre aux difficultés de ceux qui auront entrepris d'exécuter cet ouvrage, à condition que véritablement ils auront mis la main à l'œuvre, ce que je reconnaîtrai bien par le détail de leurs opérations; & conseille à celui qui voudra travailler, d'opérer lui-même, pourvu qu'il soit un peu initié dans la Spagyrique, ou de faire exécuter ce remède par [35] un Artiste fidèle & bien entendu. Il aura pour toute sa vie, celle de sa famille & de ses amis, de quoi à faire des miracles, & soulager les pauvres.

Et pour encourager les curieux, je dis que quand les matières de notre œuvre seront un peu avancées dans leurs préparations, elles surpasseront en vertu tous les remèdes vulgaires. Il n'y a donc qu'à travailler, les pièces en seront bonnes. On aura facilement un esprit de vin éthéré philosophique, qui, pour tirer la teinture de tous les végétaux, sera sans comparaison meilleur que le plus raffiné qui se tire par le serpentin, ou qui se rectifie à la manière ordinaire, dont les principes séminaires & balsamiques sont brûlés, ce qui n'arrivera point au notre.

On aura aussi un sel de tartre très fondant, & une huile de tartre, ou de vin, d'une odeur très suave, au lieu qu'on ne peut en débiter communément que de la fétide & puante.

De tout cela on pourra faire des remèdes, ou branches particulières, tirés du corps de notre Médecine universelle, qui auront de très grandes vertus. Je dirai en passant que l'eau de Mélisse, communément dite eau des Carmes, sera encore beaucoup inférieure à notre esprit de vin éthéré philosophique. On pourra en faire l'expérience pour toutes les maladies pour lesquelles l'eau des Carmes est employée.

Je crois, sans trop présumer, être le premier qui révèle la Science Cabalistique, qui démontre toutes les opérations, & par ordre, que l'on doit faire pour obtenir cet arcane végétable, cette Médecine universelle, dont les vertus sont innombrables pour toutes les maladies du corps humain, tant internes, qu'externes.

Il n'est donc question que d'en vouloir profiter. La nécessité est plus grande que jamais de trouver du secours à nos maux : Plus le monde vieillit, plus nos infirmités se multiplient. Il n'y a point de doute que tout ce qui n'est point éternel, en s'éloignant de la création, ne s'altère de plus en plus, comme nous le remarquons visiblement dans toutes les générations & productions sublunaires.

Et depuis que les deux hommes envoyés à la découverte de la Terre promise, ont rapporté un raisin qui faisait leur charge, on n'a point ouï dire, en aucune contrée du monde, qu'on ait vu un raisin qu'un seul homme n'eût bien pu porter.

J'ajouterai ce que S. Paul rapporte : *Mors & morbus intraverunt in naturam per peccatum.* Cela supposé, attendu que les hommes sont devenus plus criminels, c'est une suite nécessaire qu'ils soient plus infirmes, & que leur vie soit devenue plus courte.

Mais comme le Seigneur veut bien faire reluire sa miséricorde en même temps qu'il éclate par sa justice, il permet que l'on fasse tous les jours de nouvelles découvertes en Médecine. On a trouvé le quinquina pour les fièvres intermittentes; l'hypekakuana, pour les cours de ventre & flux dysentériques. Depuis cinquante ans, ou environ, ces [40] deux spécifiques ont sauvé la vie à plus d'un million d'hommes: Et pour dire aussi ce qui est connu de plusieurs à mon égard, j'ai trouvé un spécifique pour la gangrène, dont le défunt Roi Louis XIV, d'heureuse mémoire ayant été bien informé, m'a fait l'honneur de me demander à Versailles, par un exprès, pour le traiter de ce mal; mais il était trop tard.

Au reste, la fâcheuse circonstance de n'avoir pu y être plutôt, pour soulager Sa Majesté, ne doit rien diminuer de la bonté du remède.

Et pour donner des preuves convaincantes de la possibilité de guérir la gangrène [41] sans incisions ni amputations, j'ai trouvé à propos d'en faire ici une Dissertation.

De tous les maux dont le genre humain peut être attaqué, il n'y en a pas de plus difficile à dompter que celui qui représente sur une partie de l'homme, ou sur le tout, le véritable caractère de la mort, en y étouffant la chaleur naturelle, & empêchant les esprits d'y reluire.

Cette mortification effective & réelle commence par une inflammation, dont les différentes causes, tant internes qu'externes, la font dégénérer en gangrène. Toutes les fois que les parties sulfureuses du suc nourricier étant coagulées par l'acide de la lymphe, les fibres nerveuses se trouvent tellement comprimées, que les esprits n'y peuvent plus couler ; pour lors, ces mêmes fibres ne recevant plus l'influence ordinaire de ces esprits, perdent leur ressort, en même temps s'affaissent les unes sur les autres ; & les particules salines ne pouvant plus sortir de leurs pores, celles-ci les déchirent par le mouvement qu'elles reçoivent de la matière subtile ; c'est ce qui fait naître cette insigne pourriture, dont les premiers signes sont la chair molasse, à laquelle succède la couleur plombée ; & à celle-ci, une noirceur, puanteur & insensibilité. Voilà ce qui constitue la gangrène, laquelle prend aussi le nom de sphacèle, sans différence toutefois que du plus ou du moins.

On admet ordinairement deux causes de cette affection, l'une externe, l'autre interne. Entre les externes, on raconte les plaies, ulcères, contusions, le froid, le chaud excessif, les longues maladies & détentions au lit, les croupissements d'urine & d'autres semblables accidents.

Quant aux internes, les principales sont une nature défaillante, une altération considérable dans l'une ou l'autre des parties nobles ; où encore, quand la gangrène est rentrée dans l'une des trois capacités, toutes ces causes sont mortelles.

Mais en supposant que la masse du sang soit imprégnée de parties âcres salines, accompagnées d'un mauvais soufre, en telle quantité néanmoins que les esprits soient d'une force supérieure à pouvoir les subiger & éliminer par une fermentation vigoureuse qu'ils exciteront dans cette liqueur, il n'y a pas de difficulté à croire que la nature alors instituant une crise, comme elle fait dans la peste ou dans la petite vérole, donnera la chasse à cette matière étrangère, en l'éloignant vers l'habitude du corps, où en se réunissant sur un membre, elle y produira la mortification ; à la différence que cette matière n'aura pu faire naître, dans la masse du sang, la gangrène, parce qu'elle y aura été dispersée & répandue ; que d'ailleurs elle y aura été aussi combattue par les esprits, dont la nature, douce & balsamique, corrige les âcretés des sucs, de même que l'esprit de vin adoucit l'eau forte.

On peut observer une mécanique à peu près semblable dans ce qui se passe lorsque ayant mis de l'eau & de la viande dans un pot sur le feu, sitôt que cette eau vient à bouillir, on voit paraître une crasse ou écume au dehors, que les corpuscules de feu, qui tiennent lieu d'esprits, ont détaché de la viande à force de pirouetter & de s'insinuer dans ses fibres ; laquelle écume aboutissant à la superficie, requiert qu'on la sépare au plutôt, de crainte qu'elle ne se remette à la masse du bouillon.

On ne peut pas disconvenir que la gangrène provenant de cause interne, dans le cas supposé, étant produite à la manière de l'écume du pot, ne puisse être enlevée & guérie avec un aussi heureux succès que si la cause en eût été externe, ce qui doit être alors considéré comme un dépôt critique, & non symptomatique : Or pour séparer cette mortification, on ne doit point se servir de fer ;

non seulement parce que la grande douleur qu'il cause irrite les esprits, augmente la fièvre & l'inflammation, mais aussi parce que chaque ouverture ou incision doit être regardée comme un évent par où les esprits mis en mouvement sortent en foule, & causent une si grande diminution de force, qu'elle fait souvent tomber les malades en défaillance.

Quant à l'amputation ou retranchement d'un ou plusieurs membres entiers, dont la fin la moins fâcheuse est de réduire le corps humain en un misérable tronc, on devrait bien travailler à la recherche des moyens propres à pouvoir éviter une si cruelle opération. J'ajoute que je ne crois point qu'il y ait jamais eu une nécessité indispensable de l'entreprendre sur aucun sujet (sinon toutes les fois que le membre s'est trouvé pendant, & presque tout à fait emporté de quelque coup, ou de la gangrène). La raison de probabilité que j'en apporte est fondée sur la force ou faiblesse du malade ou du blessé.

Je dis que s'il est vigoureux, & capable de résister à l'opération, il n'y a aucun argument convainquant qu'il n'aie pu être guéri sans avoir entrepris cette opération, puisque l'on voit tous les jours des blessés survivre au refus qu'ils ont fait de s'y soumettre à la vue du triste appareil que l'on fait ordinairement dans ces sortes d'occasions, & ces personnes ont été guéries avec de simples médicaments ; que si d'un autre côté ceux que l'on n'a point trouvé avoir les forces suffisantes pour supporter l'opération, sont morts, on peut tirer cette conséquence juste, que la gangrène était interne, & avait gagné les parties nobles. J'ai observé que presque tous ceux qui ont résisté à l'amputation, je veux dire qui l'ont bien supporté (ayant éprouvé la plus rude secousse que l'on puisse donner à l'homme, pour ébranler les fondements de sa vie) étaient les plus forts & les plus robustes : en sorte qu'il me paraît qu'on peut conclure que quiconque a été guéri par le moyen de l'amputation, il avait fait ce qu'il fallait pour l'éviter, & se guérir sans qu'elle fût faite.

Je prétends donc guérir la gangrène qui provient de toutes causes externes, pourvu qu'elle n'ait point gagné l'une des trois capacités, & encore celle qui est produite par une cause interne, comme je l'ai ci-devant distingué ; le tout sans incision, par l'application d'un remède, dont l'effet est de rappeler les esprits & la chaleur naturelle sur la partie, & de conduire l'ulcère à parfaite guérison par le moyen d'une suppuration louable, arrêtant en peu de temps le progrès de la gangrène, qui n'avance plus dans aucune de ses dimensions.

Voilà trois avantages très considérables ; le premier, d'éviter les incitions & l'amputation ; le second, d'arrêter le progrès de ce mal peu après l'application du remède ; le troisième, en la guérison en moins de temps & plus certainement que par tout autre moyen.

Quoique l'envie ait porté quelques personnes de l'art à improuver l'usage de ce remède, l'honneur que Louis XIV d'heureuse mémoire, m'a fait de me faire appeler pour sa propre personne, à Versailles, dans sa dernière maladie, doit faire présumer que l'efficacité de mon remède a été suffisamment connue, dont la Cour m'a ordonné sept cents livres pour mon voyage.

Ceux qui ne savent que dire contre ce remède, ne peuvent s'empêcher de m'imputer de ce que je ne déclare point publiquement ce de quoi il est composé : Mais comme il est inouï qu'il se rencontre quelqu'un qui distribue son bien à tous venant ; moi qui estime ce remède comme mon bien particulier, je trouve à propos de me le conserver : d'ailleurs les épreuves que j'ai faites pour en acquérir la connaissance, m'ont assez coûté pour être en droit de m'en attirer la récompense, dont je serais frustré en le rendant public.

Au reste, sans avoir égard à cette dernière raison, je ne suis pas le seul Médecin qui s'est réservé la connaissance de quelque spécifique. Hippocrate en avait un contre la peste ; Sylvius possédait un sel volatil huileux d'une grande vertu ; Potérius Médecin d'Angers, en avait trois ou quatre, son Anti-hectique, stomachique, &c. Rivière, un Fébrifuge qu'il a donné au Public sous le voile d'une énigme ; Van Helmont, Poleman, Helvétius, de notre temps, avaient des spécifiques, qu'ils auront laissé à quelques-uns de leurs amis, ou descendants, ainsi que je prétends faire dans la suite, pour ne point frustrer le Public d'un bien qui lui peut être utile.

Il serait donc à souhaiter que tous les Médecins voulussent travailler pour acquérir des connaissances particulières, afin que se perfectionnant, les uns dans une chose, les autres dans une autre, ils pussent enfin procurer du soulagement dans plusieurs maladies, où ils ne font qu'échoir; après s'être servi seulement des remèdes généraux, ils discourent toutefois assez agréablement; mais il en faut venir au fait.

Le genre humain, comme il est dit, se trouve accablé toujours de plus en plus; parce que le monde vieillissant & dépérissant, chaque jour le petit monde, qui est l'homme, devient sujet à des maladies plus fréquentes & plus malignes; de telle manière que sans un secours proportionné à la décadence de la vie humaine (laquelle décadence paraît aujourd'hui manifestement, si on la compare avec la vie de ceux qui nous ont précédé) il est à présumer que la Médecine, dans les bornes où elle se trouve renfermée présentement, ne pourra être à l'avenir d'un recours suffisant.

[57]

RÉVÉLATIONS CABALISTIQUES

D'UNE MÉDECINE UNIVERSELLE TIRÉE DU
VIN : AVEC UNE MANIÈRE D'EXTRAIRE LE
SEL DE ROSÉE ET UNE DISSERTATION SUR
LES LAMPES SÉPULCRALES

CHAPITRE PREMIER

Du vin, et de sa première préparation

Quoique le Vin ait fermenté, & qu'il ait acquis une vertu déjà exaltée immédiatement après avoir été exprimé du raisin, il ne laisse pas pour cela d'être un mixte, c'est-à-dire, une substance capable d'être disséquée en quantité de parties différentes, qui seront autant d'êtres nouveaux que l'Art mettra au jour, dont les plus actives, par une vertu magnifique, se réuniront pour composer notre Médecine universelle, après qu'elles auront paru sous la forme des esprits acides, des esprits éthérés, des sels, tant fixes que volatils, à l'exclusion entière des principes passifs; savoir, la terre & l'eau, les deux derniers étant des principes de corruption & de mort: dans tous les êtres sublunaires, sont aussi les épines de notre Ouvrage, & l'art séparatoire n'est employé qu'à les défricher: Mais après qu'on les aura séparé des principes passifs, notre Art nous enseignera à les dépurer chacun à part, pour nous en servir à purifier intrinsèquement les principes actifs, en les rejoignant avec eux. C'est ici la clef de la Science Cabalistique de savoir se servir à propos du flegme & de la terre, pour réduire les autres principes à l'état élémentaire.

Or notre premier travail est donc de mettre le vin en fermentation, pour rompre le lien de sa mixtion vineuse. Pour ce sujet, prenez, par exemple, vingt-quatre pintes, mesure de Paris, ou plus si vous voulez, du meilleur vin de Bourgogne pour chaque pinte, prenez tartre blanc crû, sel fixe de tartre, de chacun demi-once en poudre; esprit de vin commun, aussi demi-once, & lie de vin nouvelle, assez épaisse, une once: mettez tout cela ensemble au fumier dans plusieurs gros ballons, un bon tiers du vaisseau vide, & bouché avec un vaisseau de rencontre, les jointures bien [60] lutées: on les y laissera pendant deux mois.

Commentaire sur ce que dessus

Que l'on ne s'étonne pas si je nomme dans la suite l'esprit acide du vinaigre, notre esprit de vin, c'est qu'il est le plus actif, & le premier principe de la mixtion. Il est aussi le dernier dans la résolution : *Quod est primum in compositione est ultimum in resolutione*, disent les Philosophes ; à la différence de l'esprit de vin vulgaire, qui est aussi un esprit ; mais il n'est pas si agissant. Les Philosophes l'ont reconnu de cette manière ; & suivant leur intention, le tartre crû, qui contient un puissant acide, fera effort contre les alcalis contenus dans la substance du vin ; & en les choquant, les ébranlera si fortement, que toute la liqueur se dérangera, & deviendra disproportionnée, [61] étant aidée de la chaleur externe. Le combat sera d'autant plus grand que le sel de tartre sec & aride que l'on y joindra, recevant dans ses pores les pointes des acides qui sont rudes, celles-ci exciteront de nouvelles secousses, tandis que les parties de l'huile éthérée tendres & délicates, profitant de l'agitation, se débarrasseront du flegme, qui les environnera : partant du centre de la liqueur, comme plus légère, gagneront le dessus de la mixtion ; c'est pour cela qu'elles frapperont l'odorat les premières quand on débouchera les vaisseaux, ce qui se fait plus fortement après la fermentation que devant, parce qu'elles sont extraverties & poussées par le bouillonnement vers la circonférence, cherchant à s'échapper, comme parties plus volatiles du mixte. [62]

CHAPITRE II

De la matière éthérée,
communément dite esprit de vin

D ans tous les règnes, on commence à séparer la
partie volatile d'avec la fixe. Il faut observer que
dans le règne végétable, c'est la partie sulfureuse qui monte la première ; dans le minéral, c'est l'acide ;
& dans l'animal, c'est le sel volatile : cela s'entend des
principes actifs, & non du flegme, ni de la terre, qui sont
les passifs.

Puis donc que, dans le règne végétable, la forme es-
sentielle, ou l'âme du mixte, consiste en humide volatile,
onctueux, aérien, il le faut très bien dépurer & séparer
des autres principes.

Cette huile éthérée est différence de la grossière, en
ce que celle-là est très volatile, & se tire des liqueurs fermentées : celle-ci est plus fixe, & sera élaborée dans la
suite, pour devenir semblable à la première, à laquelle elle
sera jointe, & ne feront qu'une seule substance. L'huile,
ou esprit éthéré, ne sort point pure du commencement

par la distillation, mais un peu mélangée de flegme : on la distille d'abord toute seule, sans y rien ajouter, à fort petite chaleur de bain, que le doigt pourra supporter, séparant le flegme d'avec la substance la plus pesante qui reste au fond de l'alambic & que l'on met à chaque distillation de côté, rejetant ce qui est tout à fait terreux, & n'a point de goût de sel, gardant ce qui est salin : or ce sel se tire avec le flegme du mixte.

Quant au minéral, tout ce qui est sulfureux vaporable ne vaut rien ; à la différence de notre règne végétable, aussi bien que dans le règne animal, l'huile est l'âme de notre sujet, qui ne peut se joindre à son corps, c'est-à-dire, au sel fixe, qu'avec l'esprit, qui est la partie moyenne & acide, comme on verra dans la suite : & cet acide s'appelle *medium conjunctionis*.

Les premières rectifications en général de l'esprit éthéré, sont au nombre de quatre, auxquelles on n'ajoute rien au bain-marie : en sorte que l'on diminue la chaleur à chaque distillation ; & quand la liqueur distille, insipide, & que les veines ne paraissent plus à l'alambic, on ôte le flegme de la cucurbite, pour le joindre avec celui que l'on a réservé des précédentes distillations.

Après ces quatre premières distillations, il faut ajouter du sel de tartre fixe, bien dépuré par la calcination, filtration & évaporation, & cette dépuration doit être réitérée après chaque distillation, avec de l'eau distillée, ou flegme du mixte.

La dose du sel de tartre est d'une demi-livre, avec trois livres d'esprit éthéré il arrivera alors que ce sel attirera à soi le flegme qui embarrasse l'esprit, & ce sel se gonflera & se chargera de ce flegme, qui abandonnera l'esprit ; & par ce moyen, cet esprit éthéré deviendra plus léger, & bien exalté. Voilà ce qu'on appelle communément l'esprit de vin tartarisé, qui n'est point encore dans la perfection pour notre œuvre.

On observera entre chacune rectification, de mettre la matière éthérée infuser pendant plusieurs jours, comme je l'expliquerai au Chapitre des degrés de feu, au fumier, au poêle, ou dessus le four d'un Boulanger, à commencer dès la première, d'autant que par ce moyen, le flegme se sépare mieux dans les distillations.

Il est à remarquer que quand on tire le sel de tartre de la cucurbite de même qu'on l'y a mis, sans être dissous, c'est signe qu'il n'y a plus de flegme parmi l'esprit éthéré, & qu'ainsi cet esprit est suffisamment rectifié.

Mais toutes les fois qu'on a retiré ce sel de tartre de la cucurbite, il faut le distiller au bain de sable, pour en faire sortir la partie oléagineuse & grossière que ce sel a contracté de l'esprit éthéré, & cette partie grossière sera mise, avec les huiles grossières qu'on aura réservé, à part ; car c'est l'ordre de cet ouvrage de joindre, *paræ cum paribus,* les essences congénères ensemble, afin de ne rien perdre des principes du mixte.

Le sel de tartre avant qu'il soit employé à l'usage que dessus, doit être tellement purifié, qu'il ne laisse aucunes fèces sur le filtre.

Je dirai aussi qu'il est bien plus aisé de faire l'arcane des végétaux & des animaux, que celui des minéraux, parce que ceux-ci n'abandonnent [67] pas si aisément leurs principes dans l'analyse.

L'esprit éthéré bien purifié ne se voit point distiller en eau, & il ne tombe point par gouttes dans le récipient : il ne laisse pas de l'emplir ; c'est ce que j'ai bien éprouvé : Il est alors véritablement aérien ou éthéré. De plus, il pénètre six doubles de papier au lute sans le mouiller : il faut alors employer la vessie de porc avec le papier, pour luter les vaisseaux.

Si le vin est bon, on doit en retirer la douzième partie d'esprit éthéré avant de le rectifier sur le sel de tartre.

Ensuite de ce que dessus, prenez une bouteille de verre, & mêlez dedans ledit esprit, vous scellez la bouteille hermétiquement ; & après avoir renversé le col en bas, vous environnez la bouteille de glace, qui aura été concassée en morceaux comme le bout du petit [68] doigt, dont vous ferez un lit ; & sur ce lit, un autre lit de sel commun, ensuite un de glace concassée plus épais que le sel ; ainsi, stratum super stratum, jusqu'à par-dessus le matras, ou vaisseau qui contiendra la liqueur à glacer, & faire un petit trou dans la glace au-dessous du vaisseau, pour laisser écouler un peu d'eau qui sort de la glace lorsque toutes les parties se resserrent & s'allient

pour former une substance uniforme, & il faut que le
vaisseau qui contiendra ladite glace soit cylindrique,
comme de bois, & laisser ainsi reposer la matière vingt-
quatre heures, ou trois jours, qui est le temps auquel la
glace a fait son effet.

Helmont dit que : *Summum frigus & summus celor
reducunt corpora ad elementalem naturam.*

Peut-être que par ce moyen une grenouille renfermée dans un vaisseau à la glace se réduirait en substance
mucilagineuse transparente, qui serait le *Gluten de aqua-
tico* de Paracelse : *Pro cancri modela* : Et Van Helmont
dit que la grenouille retourne par un grand froid à sa
matière première. Pour revenir à notre esprit éthéré, on
connaîtra que le nombre des rectifications sera suffisant
non seulement quand le sel fixe ne s'y dissoudra plus,
comme nous avons dit, mais lorsque brûlant un peu de
cet esprit sur de la poudre à fusil, elle s'enflammera après
la consommation entière de cette huile, & mettre la
poudre dans une écuelle de faïence ou de terre vernissée ;
car en le prenant dans une cuillère d'argent, comme j'ai
fait, la cuillère s'échauffant a consommé le peu de flegme
qui restait mêlé à la quintessence : la poudre a pris feu,
quoique l'esprit n'ait point été parfait. On peut encore
l'éprouver en trempant un petit linge dans la liqueur,
puis y mettre le feu : si il brûle totalement l'esprit sera
bon.

J'ajoute que pour avoir de l'esprit éthéré du vin sans
feu, il faut mettre un chapiteau de verre à l'embouchure

de chaque tonneau, quand le vin nouveau commence à
fermenter aux vendanges, y adapter un récipient entre le
chapiteau au tonneau, avec une terre grasse : quand on
en aura suffisamment, on le rectifiera à notre manière.

CHAPITRE III

Des degrés de chaleur des feux externes & internes

Q uand vous voudrez mettre la première fois votre matière au bain-marie, comme elle sera crûe & indigeste, accompagnée de ses principes passifs, vous chaufferez l'eau plus hardiment ; mais surtout qu'elle ne bouille pas, pour ne point brûler le germe de la liqueur. Au reste, une petite chaleur ne gâtera jamais rien, & une trop grande détruira tout. J'estime, pour le mieux, que l'eau puisse toujours être supportée du bout du doigt.

La première putréfaction, auparavant toute chose, sera faite au fumier de cheval pondant deux mois ; puis après la première distillation, c'est-à-dire, entre la première & la seconde distillation, mettre encore la matière en digestion un mois ; entre la deuxième & la troisième, pendant trois semaines ; entre la troisième & la quatrième, pendant quinze jours ; entre la quatrième & cinquième, pendant huit jours ; entre la cinq & la six, pendant quatre jours ; entre la six & la sept, pendant deux jours : tout cela fera cent vingt jours ou environ.

Il faut bien prendre garde que la chaleur soit égale, & jamais interrompue; car il faudrait recommencer l'ouvrage. Mais il n'y a pas grand travail. Voilà sept degrés de putréfaction qui font mûrir la matière, & lui donnent une disposition avantageuse pour devenir toute céleste.

On voit assez qu'il faut d'abord une plus longue putréfaction, parce que la matière est toute grossière & pour renouveler la chaleur, il faut remettre du fumier chaud & nouveau tous les huit jours; d'autres font cette putréfaction au bain-marie: mais le fumier me semble convenir mieux.

Il faut aussi savoir la différence qu'il y a entre digérer, ou fermenter & circuler. Quand on veut faire fermenter ou digérer, il faut prendre un alambic aveugle; & pour circuler, il faut un pélican ou circulatoire en forme de calebasse, avec deux anses creuses: en sorte que par ces deux tuyaux, la matière rentre dans le ventre du circulatoire, dont le trou d'en haut soit fermé avec un bouchon de verre de proportion: de plus, il faut que le vaisseau soit demi-plein, ou les deux tiers tout au plus; & en le tirant hors du fumier, ne pas trop fort mouvoir le vaisseau, de crainte que la matière en fermentation ne le casse, & ne le point déboucher qu'il ne soit refroidi; parce qu'étant encore chaud, il se dissipe beaucoup d'esprit.

La différence qu'il y a encore du circulatoire, c'est que celui-ci doit avoir la partie supérieure hors du fumier environ un tiers du vaisseau à l'air, afin que le froid condense les vapeurs, & les fasse retomber sur la liqueur. La circulation se peut faire aussi au bain-marie, aux cendres, ou dans le marc des raisins. Quand la quintessence sera parfaite, il sortira une odeur du circulatoire très suave, qui remplira en un moment toute la chambre ; & en la goûtant on sentira une douceur enchantée, rien de brûlant ni d'âcre comme l'esprit de vin ordinaire.

Or il faut faire circuler ainsi tant de fois que l'on trouve l'esprit avoir les qualités susdites, Raymond Lulle, Liv. 1. Chap. 2, parlant du mercure végétable, confirme ce que je viens de dire. Il ajoute au Liv. I. Chap. 3. que l'on peut tirer la quintessence de tous les vins gâtés, pourvu qu'ils ne soient point aigres.

Pour coller les récipients avec les cucurbites, on y mêle un peu de sel commun avec de l'argile, des crottes de cheval, délayées dans de l'eau : on les laisse pourrir quelque temps auparavant, avec laquelle on délayé l'argile rougeâtre.

Je m'attache à expliquer la manipulation, c'est-à-dire, le travail de la main, parce que je crois que des curieux qui ne seront point entièrement au fait de la Chimie, qui seront d'ailleurs désintéressés, ayant bonne volonté, pourront en venir à la pratique ; car le commun des Médecins qui seront occupés considérablement, n'en auront point le temps. Les Apothicaires trouveront mieux leur compte à faire des compositions ordinaires, à débiter du séné, de la casse & d'autres remèdes communs, que je ne méprise pas ; mais dont on entretient la santé & les maladies :

c'est donc faute de remèdes qui guérissent radicalement, & comme j'ai dit, par la première intention de la nature, si on se sert de ceux-là.

Pour ne pas sortir de notre sujet, qui consiste au régime du feu, je dirai que ce travail doit imiter la nature, qui n'est damais oisive; car tandis qu'il se fait un dégagement [76] des principes actifs d'avec les passifs, & des matières hétérogènes contenues dans la liqueur par le mouvement interne, excité & entretenu par le feu externe, s'il survient de l'interruption ou surséance à ce mouvement, les principes actifs se rejoindront aux passifs, & se remprisonneront, pour ainsi dire, comme auparavant.

A l'égard du trop grand feu, il n'y aura plus de ressource parce que les parties grossières du mixte ayant été retorridées, renfermeront étroitement les volatiles, que l'on ne pourra plus détacher de la masse un esprit pur & élémentaire, & on en enlèvera toujours des parties âcres, dont les subtiles seront enveloppées comme elles se font sentir dans l'esprit de vin commun tiré par le serpentin. J'ai dit qu'il faut une chaleur égale, d'autant que les différents mouvements produisant différentes modifications [77] dans la liqueur y apporteront de l'altération. Il est donc important que les secousses des parties internes du mixte ne soient ni trop violentes, ni trop ralenties. Si elles sont ralenties, les principes actifs auront de la peine à se débourber : s'il se fait de fortes secousses, il n'y aura point de séparation des principes actifs, qui demeureront en confusion avec les passifs. Cette mécanique démontre parfaitement ce qui se passe dans le corps humain, quand les liqueurs y sont en trouble, & donne au Médecin Spargyrique une véritable connaissance des causes internes des maladies, en même temps qu'elle lui enseigne la manière d'y remédier.

Outre les feux externes dont nous venons de parler, les Philosophes en ont reconnu d'autres internes ; savoir, trois forces de feux volatiles, comme l'huile, ou esprit éthéré ; une autre huile grossière, aussi combustible, & un esprit acide liquide, ou sel volatile appelé ammoniac.

Les feux fixes internes sont deux ; savoir, l'acide concentré en l'alcali du même mixte.

Les trois premiers feux sont humides & potables : les deux autres sont secs.

Après que l'esprit éthéré a été mis à la glace, puis distillé, il le faut faire circuler dans le pélican, ou autre vaisseau, pendant trois semaines, ou pour le plus un mois, ce qui se fait à feu de lampe, aux cendres : ensuite on en sépare le reste de l'insipide ou flegme, par distillation au bain vaporeux, qui donnera le pur élément de l'huile volatile éthérée, qu'on nomme quintessence supérieure, propre à recevoir l'union de l'huile grossière après qu'elle aura été bien rectifiée, & ensuite du soufre fixe, par le moyen de l'esprit acide mercuriel ; c'est ainsi après que par décoction, tout se réduit en un seul soufre fixe qui est le feu de nature dans la terre, qui et son propre domicile fixe ; ainsi le supérieur se découvre être le même que l'inférieur, & l'inférieur de même que le supérieur, qui étant unis ensemble, font une médecine d'une seule chose, qui a la puissance des supérieures & inférieures, & dont la force est entière lorsqu'elle est convertie en terre fixe, où tous les éléments sont concentrés, & ne reste plus que la quintessence, dont le soleil, c'est-à-dire, le feu de nature ou le soufre des Philosophes est le père, & la lune, c'est-à-dire le mercuriel, la mère, que le vent, c'est-à-dire, que l'esprit volatil a porté en son ventre lors de la sublimation & solution.

Le second feu est humide, & se trouve dans les végétaux ; c'est leur huile grossière, qui est aussi inflammable.

Le troisième feu volatil des végétaux est leur esprit acide & leur sel volatil, lesquels font leurs opérations de la même manière que l'esprit & le sel ammoniac d'urine.

Ce qui est à remarquer, c'est que quelques végétaux donnent plus de sel volatil, & quelques autres moins, à proportion de la qualité de la mixtion qu'ils ont reçue au commencement ; car à proprement parler, le sel volatil n'est qu'une portion de sel fixe mêlé avec l'esprit mercuriel acide, des feux fixes, des végétaux. Le premier se découvre dans le sel acide, dont l'Artiste peut tirer par la cornue un esprit de sel ou de nitre, qui lui sert s'il veut pour les objets, ou mercuriels, ou sulfureux.

Et enfin, le dernier feu qui se découvre dans les végétaux, est le sel fixe qui reste dans les cendres lorsqu'on les a brûlés, & qui s'en tire par le moyen du flegme ou de l'eau commune distillée, & il est appelé fixe avec raison, d'autant qu'il dissout, même la terre fixe, & la fait parvenir jusqu'à une matière fixe & résistante au feu comme le verre.

Les feux volatils bien dépurés de la terre & du flegme, s'unissent immédiatement avec ceux de leur, nature ; savoir, les sulfureux avec les sulfureux, & les mercuriels avec les mercuriels ; de sorte que les trois feux supérieurs se réduisent à deux liqueurs, l'une mercurielle saline, l'autre sulfureuse.

La mercurielle dissout le fixe de sa nature & qualité, & la sulfureuse dissout aussi la fixe de sa nature ; de sorte que par ce moyen tout se réduit en deux par décoction ; les deux se coagulent, & fixent en un, qui est notre quintessence, dont on fait le grand circulé & ensuite l'alkahest de son règne ; & enfin, l'alkahest universel, par la conjonction de l'alkahest des trois règnes de la nature, & c'est toujours le feu de nature qui domine sur tous les autres, & les unit enfin en un de sa nature ; c'est pourquoi il fait tant de miracles en cet état de sa proximité aux premiers êtres radicaux de la nature créée.

Remarquez aussi que dans les dernières rectifications de l'huile éthérée sur le sel de tartre, elle pourra bien extraire quelque peu de son semblable, qui est fixé dans cet alcali, ce que j'ai reconnu en brûlant une cuillerée de cet esprit dans un petit pot de faïence, tout le dedans du pot est resté comme enfariné du sel volatile contenu dans cet esprit ; qui s'était exhalé & attaché aux parois de ce pot, provenant d'une partie du sel fixe volatilisé de sorte que je regardais cela comme un petit commencement de la volatilisation du sel de tartre que Van Helmont vante comme un succédant de l'alkahest. [83]

Après toutes les préparations ci-dessus, notre huile éthérée étant réduite à sa pureté élémentaire, & aussi jointe avec les huiles grossières qui auront été atténuées par l'art, & rendues de sa nature, ce ne sera plus qu'une quintessence dont on fera la conjonction avec le sel & le mercure végétable qui est l'acide, pour les fixer ensemble aux feux des sages. La pierre végétable étant parfaite, doit être dissout dans dix fois autant d'huile éthérée, dont on aura réservé une partie pour la multiplication.

CHAPITRE IV

Du flegme commun & élémentaire

P our ne point transposer les opérations, comme nous avons démontré la manière d'extraire l'esprit éthéré dans sa dernière pureté, & qu'il est resté après la distillation de cet esprit un flegme abondant, il faut maintenant retirer ce flegme & le séparer des autres matières qui l'accompagnent ; pour ce sujet, il le faut distiller au bain-marie fort modéré, afin que les acides ne montent point avec lui.

On continuera cette distillation tant que la liqueur qui distillera sera insipide ; & lorsqu'elle commencera à se faire sentir au goût, ayant quelque peu d'acide, cessez de distiller, & mettez tout votre flegme à part ; vous trouverez dans le fond de l'alambic, une liqueur acide avec l'huile grossière, le sel & les autres matières qui restent du vin.

Or ce flegme que vous avez distillé & mis à part, doit être rectifié & dépuré d'une certaine quantité de parties essentielles du mixte qu'il a emportée avec lui ; car voilà une difficulté du travail que toutes [85] les premières opérations ne sont jamais pures ni sincères, & pour cela il faut redistiller ce flegme sans addition deux ou trois fois; réitérer tant qu'il ne reste plus rien dans le fond de l'alambic, diminuant le feu à chaque distillation que la liqueur du fond de l'alambic soit aussi douce que celle qui est passée la première par le bec de l'alambic.

Finalement, il faut avoir une terre végétable privée de tout sel, c'est-à-dire tout à fait exanimée de ses principes; & en un mot, qu'elle soit rendue élémentaire, c'est-à-dire, poreuse, légère, insipide & discontinue, de couleur blanche. Nous enseignerons à la rendre telle au Chap. de la terre élémentaire. Cette terre mêlée avec le flegme, servira à retenir, tirant à soi comme un aimant, ce qu'il y aura des autres principes du sujet resté parmi la liqueur, soit sel, soit huile, ou quelques autres matières hétérogènes, en le recohobant au bain-marie.

Et après cette distillation, ayant calciné la terre restante, s'il y a quelque sel fixe retenu dans cette terre, on l'en séparera en y mêlant du flegme, & le sel qui restera après la distillation de ce flegme, sera réservé, pour le mettre avec le sel fixe, que l'on retirera du mixte, qui lui sera homogène & de même nature : *paria cum paribus.*

On voit donc par cette mécanique que la terre ayant détaché du flegme l'huile & le sel, l'huile se trouve consommée par la calcination, & le sel est repris par le moyen du flegme, La terre redevient vierge & exanimée & l'Artiste en fait un aimant pour le règne végétal.

L'eau & la terre sont des principes passifs, les vases ou rétinacles des autres éléments, qu'ils contiennent fort étroitement, & desquels on a de la peine à les séparer. [87] Il ne faut pas toutefois beaucoup se mettre en peine des acidités oléaginosités qui paraissent dans la séparation du flegme, restant avec le sel dans les rectifications de l'huile éthérée & du sel. Le flegme abandonne facilement ces empyreumes dans les rectifications sur la terre élémentaire.

CHAPITRE V

Du Vinaigre, du Vin ou Principe Mercuriel commun, & du radical

A près la séparation de l'esprit éthéré & du fleg-me, que nous avons conduit à leur perfection, nous séparons par la distillation au feu de cendres ou de sable, tout le vinaigre, jusqu'à ce qu'il ne reste qu'un limon huileux & épais.

Nous rectifions ce vinaigre au bain-marie non bouillant; en sorte [88] qu'il ne monte que du flegme, avec lequel il ne laisse pas de s'élever quelques parties acides & l'huile éthérée.

Car il faut remarquer que la rectification du vinaigre est toute opposée à celle de l'esprit éthéré, qui monte le premier, & l'esprit du vinaigre demeure au-dessous du flegme dans la cucurbite, partant c'est le flegme que l'on aura tiré qu'il faudra mettre à part.

Or ce qui reste après que le vinaigre a été dépouillé d'une partie de son flegme, par la première rectification, nous l'exposons à l'air quatre ou cinq jours à l'abri du soleil & de la pluie, jusqu'à ce que le goût acide lui survienne.

Ensuite nous rectifions encore sept fois ce vinaigre, en interposant après chaque distillation quatre ou cinq jours de circulation au bain-marie, au fumier, ou bien *in hyporausto*, ou sur le four d'un Boulanger ; parce que le flegme étant plus léger que l'esprit, s'en sépare par une moindre chaleur.

Mais l'esprit acide, que les Philosophes appellent *Aura Physica*, n'obéira qu'au bain de cendres ou de sable ; cependant après avoir distillé le flegme, que l'on met à chaque fois à part avec les autres semblables, il en faut séparer les fèces qui restent au fond de la cucurbite.

Quant aux dernières rectifications de notre esprit acide, après les sept premières, on achève de faire les autres, en le distillant sur la terre exanimée, & tout à fait privée de son sel & de ses soufres par calcinations, lotions & filtrations réitérées après chaque distillation.

Remarquez bien que cette terre ainsi préparée, & qui sert à dépurer notre acide, ne peut servir à dépurer la matière éthérée, parce qu'elle n'est point son rétinacle.

Nous avons déjà dit qu'il faut mettre toujours à part & ensemble, les matières congénères, les salines avec les salines, les huileuses avec les huileuses, les flegmatiques, &c.

Dans le végétable, l'acide & l'huile grossière doivent fermenter avec le sel fixe, afin que cette huile devienne atténuée, & convertible en éthérée.

On peut se servir de l'esprit de tartre pour suppléer à celui qui s'est dissipé à travers les douves du tonneau, & fortifier l'esprit mercuriel de notre œuvre.

Notez que les deux vinaigres, savoir le radical & le premier, sont de même nature, & se joignent ensemble après qu'ils ont été bien rectifiés par digestions & distillations, chacun à part.

Nous avons dit qu'il faut calciner les fèces qui restent après les rectifications des acides, & remettre chaque substance avec sa congénère. [91]

Pour juger de l'égalité de l'esprit acide, & de la quantité convenable qu'il faut mettre sur le sel fixe spongieux, il y a une certaine latitude, comme dans tous les tempéraments des mixtes : en sorte que dans celui-ci, on peut proportionner depuis trois d'esprit acide contre une de fixe, & monter même jusqu'à dix parties d'esprit ; mais à proportion qu'il y a plus grande quantité d'esprit, plus longtemps dure la coagulation à se faire ; de là vient que les uns disent avoir achevé leur pierre en trois, quatre, six ou huit mois.

Cela provient de la différente action, vertu & poids des éléments d'où est sorti le passage de Trévisan : *Potentia terrestris secundum tempus dilatum est pondus in hac materia.* Ce que je viens de dire regarde la proportion de l'esprit acide sur le sel, pour la conjonction, sans doute, à l'athanor.

Quand on pousse par la cornue le sel imprégné des esprits acides, pour en faire sortir tous les esprits, il faut mettre de l'eau distillée, de pluie, dans le récipient, afin qu'ils s'incorporent dans lad. eau, & ne retournent point à leur masse : ensuite on sépare ces esprits de lad. eau, en la rectifiant par la distillation au bain-marie.

On dira en passant que le gros d'une noisette du sel fixe ci-dessus achevé & parfait, mis dans un tonneau ou muid de vin gâté, le rétablit entièrement.

Les Philosophes ont appelé esprit : ce qui a la vertu de retenir le corps & l'âme, c'est-à-dire, qui les réunit ensemble ; & c'est la fonction de notre esprit acide, & c'est de même dans le règne minéral, où la partie mercurielle est retenue par la partie sulfureuse.

Quand le flegme a été séparé de son vinaigre, je n'ai point trouvé ce vinaigre fort acide, & la raison m'en a paru tout à l'instant [93] tant fort convaincante, en ce que partout où le sel alcali & les acides se trouvent ensemble, ils s'unissent si étroitement, qu'on ne saurait les séparer que par le feu de réverbère ; c'est pourquoi dans le procédé de la rectification de ces esprits, il faut les rectifier seuls, en faisant évaporer le flegme à chaleur de bain, & distillant le reste à feu de sable ; & enfin, achever la rectification sur la terre exanimée.

Après quoi, cet acide est en état d'être rejoint au sel fixe dépouillé de tous ses esprits par forte distillation ; & ces derniers esprits, qui sortent du sel cristallin à feu véhément, sont de même nature que les autres acides sortis & rectifiés auparavant, avec lesquels on les rejoint ; & ces esprits acides rectifiés étant combinés avec ledit sel fixe, s'unissent très étroitement ensemble, & forment après une longue digestion à l'athanor, un [94] sel volatil, qui n'est rien autre chose qu'une combinaison du fixe & du volatile ; & c'est à l'athanor où vous aurez l'alcali volatilisé. Voilà ce grand secret qui sert à rendre le sel de tartre volatil : Et remarquez bien que l'union indissoluble de l'esprit acide avec ledit sel, la vraie matière de perfection de tous corps, même des métaux les plus parfaits.

Vous jugez bien de là que votre esprit acide n'est point perdu, mais il est enveloppé, une partie dans le marc épais & noir, & une autre partie dans l'eau ou flegme. Pour celui qui est enveloppé dans l'eau, la séparation en est facile par le bain ; & à l'égard de celui qui est enveloppé dans le marc ou résidence noire, & dans le sel fixe, la séparation s'en doit faire de la manière que l'on sépare les éléments du tartre crû imprégné de vin à grand feu de réverbère.

Mettez dans une retorte de verre lutée, ou de terre de Beauvais, avec un grand récipient de verre, deux ou trois livres de tartre crû, le vaisseau à demi plein ; étant au fourneau de réverbère, donnez-lui l'espace d'une heure un feu doux, avec le registre clos ; après lequel temps, vous l'ouvrirez d'un travers de doigt une heure durant, afin que la vaine eau s'échauffe doucement & également, & ensuite vous lui donnerez trois doigts d'ouverture trois heures durant ; enfin, vous l'ouvrirez entièrement l'espace de cinq heures & l'opération sera finie ; alors laissez

refroidir les vaisseaux doucement, après avoir éteint &
supprimé le feu.

Dans cette opération, le flegme sort le premier, si on
donne le feu modéré au commencement; que si vous le
donnez violent, les esprits sortent conjointement avec le
flegme; ensuite poussant le feu, les esprits fixes sortent
avec partie de l'huile, ce qui se reconnaît par une [96]
grande quantité de vapeurs blanches dans le récipient.

Enfin, l'huile noire & puante, mêlée de jaune, sort
& fait la fin de l'opération; laquelle finie & les vaisseaux refroidis, on sépare doucement le récipient de la
retorte, par l'application de l'eau tiède, pour détremper
le lute, qui est mêlé de sel commun, & l'on conserve
l'huile grossière qui est au fond du récipient, au-dessus
de laquelle nagent l'esprit & le flegme, qui ont dessous
eux une huile jaune & noire. Les huiles se séparent du
reste par l'entonnoir & le filtre; mais le flegme le sépare de l'esprit acide par une lente distillation au bain-
marie, où le flegme sort le premier, & ainsi vous aurez
l'esprit de tartre bien séparé, lequel sera plus doux après
les rectifications, d'autant que, par ce moyen, le sel crû
qui d'abord lui donnait une acidité spongieuse aura été
volatilisé. [97]

Si vous n'avez pas une suffisante quantité d'esprit
acide ou de vinaigre, vous trouverez facilement de ces
principes dans les vins gâtés, que vous pouvez prendre
& distiller.

Après en avoir tiré votre vinaigre, vous transporterez votre vaisseau au feu de cendres, qui élèvera l'esprit. Ce qui reste au fond est appelé extrait de vinaigre & le mettant en une retorte, vous en tirerez à feu fort le vinaigre radical, qui dissout & tire le vitriol des métaux. On peut aussi de cet extrait, séparer un sel essentiel, après la dissolution, filtration & médiocre évaporation. Après quoi, le mettant au froid durant quelques semaines, on y trouvera des cristaux salins.

On trouve donc de quoi à avoir quantité d'esprit acide dans la distillation du vinaigre, & quantité de sel dans le tartre, & l'on trouve de ces choses abondamment partout.

Dans la distillation du tartre, on peut recevoir la dernière huile puante & noire à part, en changeant de récipient.

Or venons à expliquer la raison pour laquelle on ne sépare point aisément le flegme du vinaigre pris chez un vinaigrier : c'est qu'il se sert de lies de vin gâté qu'il fait bouillir sur le feu ; & dans cette ébullition, il s'évapore la plus grande partie du flegme : l'acide restant dans le vaisseau qui fait le vinaigre, joint à quelque levain ou ferment qu'il y ajoute, qui serait étranger à notre œuvre.

Mais pour parvenir à une plus ample dépuration de notre mercure ou esprit acide vous le mettrez sur une bonne quantité de terre élémentaire sèche & aride, privée de tout sel ; & s'il vous en manque, vous pouvez prendre de la poudre de tuile nouvelle, qui séparera le flegme de l'esprit dans les distillations & rectifications ; ou bien, vous pouvez vous servir de limaille de fer, ou d'autre métal, qui retenant & se joignant facilement avec lesdits esprits, les retiendront, & le flegme qui est mêlé s'élèvera par une médiocre chaleur, & ensuite l'esprit se détachera des limailles & se distillera à chaleur plus violente, suivant la composition plus ou moins forte de ces corps métalliques dont vous vous servirez pour cet artifice, comme on le voit dans l'esprit de souffre, lequel ayant dissous les métaux, & iceux vitriolisés, on l'en sé-pare à feu violent, après que le flegme en a été élevé par une médiocre chaleur.

Remarquez bien ce secret, & la cause de cette sym-pathie des métaux avec le mercure acide, qui même fait une espèce de mélange avec eux, & ne les quitte qu'à force de feu.

Par cette même raison, la distillation des esprits acides ne doit pas être faite dans des vaisseaux vernissés ou plom-bés, attendu qu'ils s'attachent à tout ce qui est métallique ; & y étant retenus, ce qui distillerait ne serait que du fleg-me, à moins que l'on n'employât un feu violent, qui n'est pas nécessaire par tout. Il faut donc pour ces sortes de sé-parations, des vaisseaux de verre ou de grès, qui ne boivent rien, & ne sont point transpirables ; et qu'on ne s'imagine pas que la vernissure des Potiers soit une vraie vitrification ; car elle est réductible en métal, comme je le sais, & ainsi elle a encore les principes pour servir d'aimant, & retenir ceux du végétable ; & encore plus, du minéral.

Quand on rectifie la liqueur acide qui est concentrée dans la limaille, tout passe, comme nous avons dit, à feu de chasse, dans une seule distillation au récipient, & rien ne s'élève de métallique, qui n'est point dissous par cet esprit, mais reste toujours métal, sans altération, où l'erreur vulgaire des Sophistes se découvre, & fait voir que ces menstrues ne sont pas les radicaux de la métallique trop fixe & trop unie dans ses parties élémentaires. La proportion de la limaille est que la liqueur excède cinq ou six travers de doigt par-dessus.

Il est pourtant plus aisé de faire la rectification de l'esprit acide sur sa propre terre élémentaire, ou à son défaut sur la poudre de tuile neuve, & rougie au feu. L'esprit acide contient une seizième partie de sel volatil huileux.

Si l'esprit acide n'entre point aisément dans le sel fixe, pour le volatiliser, c'est qu'il n'est pas bien dépuré : partant, il le faut encore rectifier. On peut encore tirer un acide de la crème de tartre faite fidèlement, qui servira à notre œuvre.

Tout ce que dessus est une manipulation de l'esprit acide ou mercuriel du mixte, autant bien circonstanciée que j'ai pu le faire. Je sais les imprécations que l'on fait contre les Auteurs. Comme j'en connais qui ont donné au public la manière de composer certains remèdes, & qu'en suivant leur méthode on n'a pas pu réussir, j'atteste que je ne suis point de ce caractère.

CHAPITRE VI

Des Huiles grossières, jaunes & noires fétides

A près avoir suffisamment détaillé la manière de tirer l'huile, subtile ou éthérée, du vin, dans le second Chapitre il me semble que se sera un ordre bien établi de parler ici de l'huile grossière tirée du mixte que nous traitons.

Cette huile noire & grossière, qui fait l'horreur de tous ceux qui la sentent, à cause de sa puanteur, pourrait-on croire qu'étant élaborée par la Chimie, elle devienne suave, d'une odeur enchantée, & semblable à la première huile ou esprit éthéré, avec lequel elle ne fera plus qu'un corps? comme je le démontrerai ci-après.

Nous avons dit qu'après avoir tiré le premier esprit de vin, ensuite son flegme, puis son vinaigre, il resterait au fond de la cucurbite une matière épaisse, noire & puante.

Or prenez cette matière, & la mettez dans une retorte: elle contient encore quelques esprits acides mêlés de terrestréité; vous en séparerez le flegme & l'acide, puis viendra l'huile noire mélangée de jaune. On observera les degrés du feu, & les autres circonstances telles que je les ai rapportées dans le Chapitre précédent, à la distillation du tartre.

Quand vous aurez votre huile noire, il faut savoir d'où lui vient cette noirceur & puanteur, pour la lui ôter. Je vous dirai que dans toutes les substances résineuses, huileuses & inflammables, tirées par une forte expression de feu, il y reste toujours une suie ou excrément fuligineux produit par la retorridation des parties grasses & sulfureuses du mixte, avec quelque mélange de sel & de terre qui approche de la suie de cheminée : c'est pourquoi de même que l'on fait l'analyse de cette suie, il faut faire celle de notre huile noire.

Mettez-la donc dans une cornue de verre, y adaptant un récipient fort ample, donnez le feu de degré en degré ; comme nous avons dit pour l'huile de tartre, il sortira d'abord un flegme, ensuite un esprit acide, puis une huile inflammable & jaune, qui sera suivie d'une huile noire : séparez votre flegme d'avec l'esprit acide par le bain-marie ; & les deux huiles, savoir la jaune & la noire, par le feu de sables, & de votre tête morte vous retirerez un sel, que vous purifierez. Il vous restera une terre, que vous exanimerez, comme vous avez fait des autres terres restantes après les distillations qui ont précédé.

Et en ceci, il faut remarquer que les fleurs, bois, gommes & plantes les plus odoriférantes, ne sont point exemptes de cette suie ou impureté qu'elles démontrent sur le feu, laquelle répugne à notre odorat; & c'est cet excrément qui est la mort du mixte, comme il est la cause des maladies qui nous surviennent quand nos esprits ne sont point assez exaltés pour le subiger & digérer: C'est ce que le Médecin doit savoir pour le séparer du médicament, afin qu'il soit pur, & ne contienne rien de contraire à notre nature.

Pour la rectification des huiles grossières, qui sont la jaune & la noire, & pour leur ôter l'empyreume, il est déjà dit que chaque élément se purifie par celui qui lui est plus intrinsèque; & comme l'intrinsèque du soufre ou huile, c'est l'arène ou la terre vierge élémentaire, & privée de son sel, c'est celle-là dont il faut se servir, en mettant ces huiles à la cornue séparément, avec cette terre bien purifiée, & faire ainsi distiller ces huiles.

Mais parce que l'empyreume ne sera point tout à fait effacé, il faudra encore rectifier ces huiles séparément sur de l'esprit de sel commun bien poudreux, dont il en faut suffisamment, avec lequel on les mettra en fermentation chacune à part: on donnera un feu modéré, ce qui est connu par ceux qui ont distillé de ces huiles & esprits: car ceux-ci demandent un plus fort feu, & ne doivent point sortir jusqu'à ce que l'huile ait passé la première entièrement. Il y en a qui estiment mieux l'esprit acide du même règne, pour faire ces rectifications: mais comme l'huile ne retient rien de l'esprit de sel, qui au contraire par ses acides fige les parties grossières de l'huile, je ne trouve aucune difficulté à s'en servir, parce qu'il n'entre dans l'œuvre qu'auxiliairement.

Cependant pour nettoyer vos esprits de l'ordure qu'ils ont contractée dans la rectification qu'ils ont faite de l'huile, dont ils ont retenu la suie, il les faut distiller sur l'arentre déliée de quelques têtes mortes, des végétaux dépurés de leur sel, & encore plus proprement si vous en avez du même mixte.

Vous aurez soin de vous procurer une bonne quantité de résidences ou fèces noires, dans lesquelles réside l'âme de l'esprit éthéré : car effectivement, l'huile noire qu'on en retire devient par les élaborations subséquentes encore plus précieuse & plus nécessaire pour acuer l'esprit éthéré, avec lequel on la doit joindre.

Il sera aisé d'avoir pour distiller du vin commun & vulgaire, ou au bas. On le fera fermenter quelque temps sur du tartre cru, qui sont des matières communes.

Glauber a tenté d'ôter l'empyreume avec de l'esprit de sel ; mais il ne savait pas tout, & n'a pu y réussir ; d'autres l'ont rectifié avec l'esprit de vinaigre commun ; d'autres avec la corne de cerf. Rien de tout cela n'a pu emporter la fœteur.

Aussi y a-t-il bien du travail ; mais les fruits qu'on en doit attendre ne sont pas petits : car la fin de ces dépurations n'est pas d'avoir des éléments purement & simplement pour démontrer quels ils sont ; mais c'est pour parvenir à avoir le feu de nature essentiel végétable de la quintessence, qui ne peut venir en acte qu'après la circulation & conversion de tous les éléments unis en une seule substance incorruptible végétable.

Et comme il est suffisamment expliqué qu'il y a une grande correspondance entre tous les arcanes philosophiques & le secret aimant du feu de nature, dans les trois règnes, on doit juger ce que devra opérer le feu essentiel & actuel végétable sur la nature minérale, qui lui est inférieure, vu que le végétable, suivant l'ordre de la nature, est enté sur le minéral, & l'animal sur le végétable : & d'autant que les natures supérieures sont inclinées à donner secours aux inférieures, vous devez assez pressentir ce que pourra la quintessence quand elle sera rassasiée & imprégnée de son propre feu fixe & central mis en acte de végétation. Les Philosophes appellent cette substance le ciel, le menstrue végétable ; parce que tout ainsi que le Ciel est incorruptible, & donne le mouvement aux natures sublunaires & élémentaires, de même notre quintessence, qui est supérieure à la nature minérale, excite & met en mouvement de végétation le feu naturel de la nature minérale, son inférieure. *Nam creator altissimus, creavit tres minéras inter minéralia est una, scilicet solis & lunæ inter vegetabilia est vitis, inter animalia est apis.* Ce sont de ces minières que nous tirons les vrais arcanes, qui ont correspondance entre eux : mais il doit y avoir un milieu entre le feu végétal & le minéral. Cela ne regarde point notre œuvre.

Tous les esprits se fixent avec la chaux de leurs espèces d'une Médecine universelle.

CHAPITRE VII

Des sels fixe et volatile

Quand on a tiré les huiles jaune & noire par la cornue, de la manière que nous l'avons enseigné dans le Chapitre précédent, il reste une terre noire & sèche qu'il faut calciner dans un creuset, non pas si violemment qu'il s'en puisse faire une vitrification ; car le sel est le principe de toute liquation : c'est pourquoi le creuset sera couvert d'une tuile, avec un petit trou au milieu seulement, pour donner de l'air : en sorte que s'il y a encore quelque petite portion de sel volatile caché dans les cendres, il ait lieu de s'attacher aux côtés du creuset, d'où on le pourra retirer en le lavant avec du flegme du même mixte, & qu'il soit ainsi séparé de sa terre : ensuite on en fera évaporer le flegme après l'avoir filtré.

Puis on le joindra avec l'un des deux principes, avec lequel il deviendra tout volatil : on essayera de le sublimer seul à part.

A l'égard du sel fixe, vous prendrez votre terre noire ; étant mise en poudre, vous la délayerez avec du flegme du même mixte, & la laisserez vingt-quatre heures au bain-marie presque bouillant : ensuite vous filtrerez & coagulerez jusqu'à pellicule, faisant évaporer jusqu'à cristallisation, & en séparerez les fèces qui resteront sur le filtre, que vous mettrez de côté, pour les calciner & recommencer à dissoudre, filtrer, coaguler le sel encore avec le flegme du mixte, tant que tout le sel sera séparé de la terre, & qu'il ne restera aucunes fèces sur le filtre ; & lorsque votre sel sera dissout dans son flegme sans résidence, il sera comme de l'eau claire & pure transparente : finalement, on le fera évaporer. Il sera propre à joindre avec les éléments supérieurs.

Le flegme après cela qu'il aura servi à ces dissolutions de sel, doit être rectifié sur une terre végétable vierge & exanimée ; ensuite on distillera ce flegme au bain-marie, qui redeviendra propre à pareilles opérations.

Vous remarquerez qu'après avoir mis votre terre sur une chaleur de bain, & que vous l'aurez filtrée, il faut prendre ce qui restera sur le filtre, & le calciner derechef comme vous avez fait la première fois ; réitérez cela jusqu'à ce que vous retiriez votre flegme insipide de dessus votre terre.

On a dit que le sel fixe bien dépuré doit être employé à la distillation de l'esprit éthéré, pour en retenir le flegme, lequel sans cela monte toujours avec l'esprit.

Il faut observer que la terre exanimée ou dépouillée de son sel, ne sera point employée pour la [114] matière éthérée, d'autant qu'elle n'est point son rétinacle, mais bien le sel fixe fort dépuré.

Il faut donc regarder cette terre comme un aimant particulier de son règne : à la différence du général, qui doit être tiré des trois règnes,

Le sel fixe chez les Chimistes est appelé or, parce qu'il est d'une nature sulfureuse.

Ce sel fixe sert à fermenter avec l'acide & l'huile, comme il a été dit aux Chapitres précédents.

Quand le sel de tartre a contracté quelque oléaginosité après avoir été avec l'huile éthérée, pour la lui ôter, on met ce sel à la cornue à feu plus fort au bain de sable.

Les sels fixes en général deviennent volatils en les dépouillant de leurs parties terrestres : par exemple, faites une forte lessive de sel de tartre bien dépuré, verrez dessus, par partie, de l'esprit de sel, au point que la liqueur ne fermente plus, & soit saoulée de cet esprit ; que si vous y prenez garde, vous verrez la terre se précipiter du sel de tartre : alors filtrez la liqueur qui surnagera, faites-la évaporer & cristalliser, broyez-la dans un mortier de marbre avec autant de sel de tartre ; il montera un sel volatil huileux. Cela se peut faire mieux avec notre esprit de vinaigre.

Schröder méprise la calcination du tartre jusqu'à la blancheur azurée, tant parce qu'il se fait, à ce qu'il prétend, une trop grande dissipation des esprits, que parce qu'il reste seulement la partie terrestre du mixte.

A quoi on peut répondre, qu'il ne reste point de terre au sel bien dépuré ; que s'il y en avait, il s'ensuivrait une vitrification.

D'ailleurs ces corpuscules de feu, qu'il suppose internes dans la matière, n'y demeurent pas, mais donnent un arrangement aux parties du sel de tartre, qui deviennent ignées & élémentaires.

Nous avons dit que les acides rectifiés étant joints avec le sel fixe dépuré s'unissent très étroitement ensemble, & forment après une longue digestion à l'athanor un sel volatile, qui n'est rien autre chose qu'une combinaison du fixe & du volatile.

Le sel fixe avec l'esprit mercuriel élémentaire, sont deux voisins qui symbolisent, & de leur union procède notre sel nitre ou ammoniac, qui étant un alcali volatilisé par digestions & sublimations, le poids du volatile en portant celui du fixe, donne un milieu de conjonction qui unit l'âme, c'est-à-dire, l'huile éthérée ou sulfureuse avec le corps, qui est le sel fixe, & de ces trois, par digestions, se fait le nitre salin sulfureux mercuriel, qui est la clef de notre œuvre.

Le sel fixe qui a servi à la dépuration de l'esprit éthéré, doit être recalciné & purifié à chaque rectification de cet esprit.

Le sel, principe élémentaire dans le mixte : est fixe de sa nature tout sel qui est ou se trouve volatile, n'est pas simple ni élémentaire, mais il n'en volatilise qu'à cause qu'il y a du mercure ou esprit acide mêlé avec lui de sorte qu'on en peut faire la séparation si on retient ce qui est salineux par addition d'un sel fixe homogéné en quantité suffisante avec le sel volatile, que le vulgaire appelle sel ammoniac ; d'où on remarquera la grande affinité du mercure acide & du sel principe fixe, dont se fait une mixtion moyenne en forme de sel volatile ammoniac, après une due décoction & fermentation.

Et il n'y a que ce mercure feu, bien dépuré & rectifié, capable d'entrer dans le centre du sel fixe, de le fermenter & atténuer ; & par ce moyen, le séparer & délivrer [118] entièrement de la terre principe de corruption & hébêtation de l'action dudit sel, qui se sublime hors de la terre après cette décoction & fermentation, & pour lors elle est capable de reprendre son âme qui est dans l'huile éthérée purifiée.

Dans la première distillation de la résidence huileuse ou marc du vinaigre, il montera quelques parties de sel volatile au col de la cornue, qu'il faudra séparer, & mettre avec l'un des deux vinaigres.

Le sel volatile n'en rien autre chose qu'une portion d'esprit mercuriel, qui enlève une partie du sel fixe.

Le sel fixe est le dernier feu, appelé fixe parce qu'il dissout la terre, & la rend fixe en la vitrifiant.

Il ne faut pas oublier les fèces du vin blanc, pour avoir dans la suite du sel volatil, dont on aura besoin pour acuer notre mercure dans ses premiers congrès avec le sel fixe.

Basile Valentin dit : *Spiritus vini volatilia efficit, quia ipse volatilis est, spiritus vero aceti sigit minerales vegéetabiles medicinas, ut res fixas iggredi & fixos morbos sanare possint.*

Schröder dit que quelques-uns mêlent l'esprit de tartre crû avec son sel fixes d'où il s'ensuit une grande effervescence, & par ce moyen prétendent acquérir un esprit volatil & pénétrant. Je dis que c'est un abus d'espérer pouvoir extraire une chose concentrée, & l'extravertie des entrailles de son mixte sans un long travail.

Ce que lui-même Schröder reconnaît bien n'être pas possible, car il dit au même endroit : *Digestio & rectificatio spiritus super sal fixum, modus optimus videtur resuseitandi sal volatile ejusdem, quoniam sie sal tartari fixum attrahit acidum olei quod ante à concentrabat acidum in olei forma, quo concentrato prodit sal volatile.*

C'est un des meilleurs moyens, [120] dit-il, pour obtenir le sel volatil, de se servir de la digestion & rectification de l'esprit sur le sel fixe, &c.

Je remarque que plusieurs Auteurs n'ont que des lambeaux & des pièces mal rapportées, détachées de notre œuvre, & ne laissent pas de les donner au Public comme des ouvrages achevés.

Le sel volatil huileux de Sylvius était un sel & une huile rectifiés des animaux conjoints philosophiquement, & n'en a rien laissé au Public.

Poleman a dit que le chemin que l'on tenait pour faire le sel de tartre volatilisé, était celui qui conduisait

à l'alkahest. Nous n'avons pas de peine à le reconnaître
ici.

Au reste, le sel fixe de tartre doit être cristallin, &
se résoudre entièrement en eau élémentaire, sans laisser
aucune terrestréité : Il est d'un goût très aigu piquant. Ce
sel en cet état n'est pourtant [121] point encore rectifié
entièrement, pour en pouvoir faire l'union avec l'esprit
acide & l'huile ; car nonobstant toutes ces préparations,
il faut encore le sublimer : finalement, ce sel doit être mis
à l'athanor au feu de sable tant qu'il devienne rouge, &
soit fixe ; & cette fixation étant faite, vous avez la pierre
végétable inséparable, que l'on appelle lune quand elle
est fixée en blancheur dans un de vos vaisseaux, & soleil
quand elle est fixée en rougeur dans un autre.

CHAPITRE VIII

De la terre mixte & élémentaire

Dans le dernier Chapitre, nous avons traité des sels, tant fixes que volatils, de notre sujet, & démontré comment il les fallait extraire de la terre ; il convient présentement de parler de cette terre, en reconnaître la nature & l'essence, & distinguer ses propriétés. Il semble qu'il y ait de la contradiction, de vouloir faire l'éloge de la terre, & trouver en elle de l'utilité, après avoir fait connaître la peine qu'elle donnait aux Artistes, pour ainsi dire la labourer. Oui, notre terre est une terre précieuse, de telle manière qu'on la prenne : si on la regarde comme élémentée, nous la trouverons pleine de richesse ; car elle renfermera en elle ces sels précieux dont nous avons parlé ; comme aussi ces huiles qui contiennent des vertus immenses, & un mercure qui est le sucre de notre œuvre, le médiateur de tous nos éléments.

Si cette terre est considérée comme élément pur & simple, on ne saurait exprimer combien elle a de force pour achever de purifier les principes qui en ont été séparés, & les dégager entièrement [123] de leurs crasses & superfluités.

De sorte que si Paracelse l'appelle morte & vive, quoiqu'il paraisse implication, il n'y en a aucune ; car elle est vive quand elle contient tous les principes actifs, avec lesquels l'auteur de la nature lui a donné l'être. Elle est morte quand elle est dépouillée de ces mêmes principes.

Mais elle renaît encore cette terre, toute dépouillée qu'elle est non seulement quand on la ranime de ses principes actifs, mais aussi lorsqu'on l'expose à l'air, duquel elle reçoit une nouvelle vie, en s'imprégnant de l'esprit universel. Et je n'ai pas de peine à me persuader que la laissant quelque temps ainsi exposée à l'air, elle ne rejette & ne puisse pousser, même des plantes extraordinaires, étant indéterminée pour le genre ou pour l'espèce, en supposant cette terre vierge, & non ensemencée.

Revenons au lieu où une la prenons, [124] c'est au fond d'un creuset, d'où nous la tirons pour en obtenir le sel, par lotions, filtrations & évaporations, observant de dissoudre ce sel dans le flegme propre de son mixte, du moins aux dernières extractions ; car si on veut se servir de l'eau de pluie distillée, ce qui se peut au lieu de flegme, on sera libre de le faire pour les premières seulement.

Je dirai encore que toute terre est bonne à notre usage, pourvu qu'elle provienne d'un végétable, étant bien dépurée & dépouillée de ses principes ; que néanmoins celle que l'on tire de notre sujet sera toujours à préférer.

Or pour la rendre élémentaire, il ne suffit point de la calciner une fois : il faut réitérer cette opération avec du flegme, tant de fois qu'elle ne manifeste au goût aucune salure ni empyreume à l'odorat.

Quand on y met du flegme pour l'imprégner, il faut que ce flegme surmonte la terre de deux doigts en travers, puis on la met en digestion au bain-marie vingt-quatre heures : d'autres retiennent cette terre en digestion à l'athanor pendant vingt-quatre heures, avant de la mettre avec son flegme. *Ut appetat vehementer suum humidum.* C'est ce que je conseille de faire, puis le mettre au bain-marie.

Lorsqu'on réanime cette terre de son huile grossière ou de son vinaigre, pour lui faire retenir leurs crasses, il ne faut pas trop la surcharger, mais la rendre seulement en contenance de bouillie claire. Après qu'on a fait ce mélange pour réanimer la terre, vous en laisserez faire l'imprégnation à l'athanor pendant vingt-quatre heures, puis vous distillerez votre matière ; savoir, le vinaigre ou acide mercuriel, au bain-marie, & l'huile, au bain de sables ou de cendres, suivant le nombre de fois qu'elle aura été rectifiée & attendrie auparavant ; car dans toutes les rectifications postérieures, il faut toujours diminuer la chaleur du feu.

Et non seulement la terre sert à purifier les principes acides & huileux, mais elle est fort utile pour dépurer le flegme ; car en le distillant sur la terre élémentaire acide, sèche & bien exanimée, elle retient l'empyreume & les autres mauvaises qualités dont ce flegme est imprégné, & qui retient dans la terre après la distillation de ce flegme au bain-marie.

Et chaque fois après que la terre a retenu les parties excrémenteuses du flegme, ou des autres principes, il faut la purifier par nouvelle calcination, lixiviation, lotion & dessiccation, & la rendre à nouvel état élémentaire, & même il faut faire réverbérer cette terre aux dernières opérations de notre ouvrage.

On peut aussi se servir à propos, comme nous avons dit ailleurs, d'une poudre de tuile neuve rougie au feu ; mais il n'est bon de l'employer qu'aux premières dépurations.

Il faut donc conclure que ce dernier & cinquième principe du mixte, étant parvenu à l'état élémentaire, ou de terre vierge, est une substance réduite en consistance friable, discontinue, blanche, légère, de nulle odeur & saveur, d'autant que ce principe que l'on nomme passif, n'entre point dans notre œuvre, non plus que le flegme, qui n'y servent que d'intermèdes.

Des Conjonctions & Quintessences

Pour faire notre alkahest particulier, ou conjonction des trois principes, sel, soufre & mercure comme on entend par sel le sel fixe : par exemple, du tartre par [128] son soufre, son huile éthérée & grossière ; & par son mercure, son vinaigre ou esprit aigu, lequel se tire de toutes choses ainsi acides : en quoi on ne peut se tromper que la partie acide est toujours l'esprit mercuriel : desquels trois principes, l'union ne se peut faire qu'après que chacun à part, ils ont été très bien purifiés & séparer de leurs chaînes, qui sont le flegme & la terre ; & lorsqu'une fois ils sont conjoints après avoir été ainsi parfaitement dépurés de leurs principes passifs, ils demeurent inséparables, *quacumque arte*, ils dissolvent toutes choses, & ne peuvent être dissous. Ils ont ingrès partout, & ne peuvent être mêlés ni altérés par aucune substance étrangère.

Remarquez que quand l'empyreume des huiles grossières est tout à fait ôté par la rectification de l'esprit acide sur icelles, réitérez trois ou quatre fois, ou bien tant que l'empyreume se passe : après cela la matière est prête pour la conjonction avec l'huile éthérée, qui peu à peu la sublime, l'enlève, & n'en fait qu'une : ainsi de cinq substances on en fait trois, de trois deux, & de deux une.

Dans la conjonction, il faut prendre garde de ne point mettre trop de l'un & trop de l'autre, ni trop peu de l'un & de l'autre.

Il est bon de savoir que les trois principes volatils, qui sont le flegme, l'esprit acide & les huiles, en leur parfaite dépuration, doivent être transparents, diaphanes, & sans couleur : la couleur ne procédant que du sel, lequel en sa dernière dépuration est rouge après sa réverbération, ne laissant plus aucunes fèces terrestres après plusieurs différentes solutions, calcinations, filtrations & coagulations réitérées, ce qui est ennuyeux, cependant nécessaire avant de venir à la conjonction du sel avec le mercure acide, d'où viennent ensuite la décoction, les couleurs noire, grise & blanche, après quoi suit la rouge par plus ample digestion, & conjonction de l'âme ou esprit éthéré.

On ne peut jamais parvenir à unir le corps avec l'âme sans l'esprit acide, & par une vraie solution & sublimation du corps, laquelle union se fait en la seconde génération, & ne se forme que des principes purs.

Le vulgaire des Philosophes, ou les Chimistes de la basse classe, ont beau cohober l'huile éthérée sur son sel, pour le dissoudre & volatiliser, tout ce que l'huile peut faire dans ces cohobations & digestions, n'est que d'attirer quelque peu de sulfuréités fixes mêlées dans le sel, & d'y laisser en sa place quelque peu de flegme, que le sel retient par sa siccité, pour se liquéfier, avec lequel flegme il se fait aussi un dépôt sur ce sel, de quelques crasses acides, ou autres atomes impurs qui étaient contenus dans l'esprit éthéré, & ensuite le feu externe est employé pour séparer le flegme par la calcination, solution, filtration & coagulation qui rétablissent le sel dans sa pureté.

C'est un travail important & bien avancé, que de réduire à deux toutes les parties supérieures, qui sont l'oléaginité spirituelle & la suprême acidité sans flegme; l'une est à peu près aussi longue & difficile que l'autre.

Cette acidité pontique & vitriolique est le plus pesant de tous les éléments ou principes du mixte ; c'est le vrai mercure ou vinaigre radical, dont il est parlé ci-devant comme d'un principe acide & pesant, que l'esprit même du vitriol bien rectifié ne s'acquiert que comme l'esprit de vinaigre, par la concentration d'icelui sur le sel de tartre bien dépuré & séché, lequel attire l'acidité de l'esprit, qu'on digère avec lui tant qu'il s'en fait entièrement saoulé, après plusieurs cohobations & distillations, par lesquelles on retire le flegme de l'esprit : lequel esprit se joint avec le sel, & cela se réitère tant que le sel ne retienne plus rien de l'acide, & qu'il sorte en la distillation aussi acide que quand on l'y a mis.

Cela fait, on met le sel de tartre ainsi imprégné dans la cornue de terre de Beauvais non vernissée, & on passe l'esprit dans le récipient à feu de réverbère ; quelques-uns mêlent ledit sel imprégné d'acidité avec de l'argile, afin de mieux séparer l'esprit mais cette addition ne me plaît point ; car outre qu'elle peut retenir beaucoup d'esprits, c'est qu'elle peut les infecter.

Or cette séparation étant faite du vrai esprit acide, on le rectifie une fois ou deux, & pour lors il dissout radicalement son corps ou sel fixe, & se joint inséparablement avec lui, par digestions physiques, à l'athanor c'est le fondement de la dernière opération avec l'huile, qui se joint aussi inséparablement avec ces deux peu prés de même manière.

Balduinus, dans un petit Traité hermétique, de *Auro auræ,* qui est fort curieux, enseigne une manière de calciner le sel de tartre à un feu très violent, & le réduire en peu de temps à l'état élémentaire, lui faisant prendre la couleur azurée, puis verte, & finalement rouge, mais dont la réduction se fait de deux livres à trois onces, par un feu violent.

Van Helmont, Liv. de Duelech, parlant du sel contenu dans l'esprit de vin, dit qu'étant rectifié avec le sel de tartre, ce sel n'en retient qu'à peine une demi-once d'une livre. Il faut ici entendre l'esprit acide du vin qui se concentre dans le sel, qui est le rétinacle [134] de l'acide, & duquel se forme l'esprit moyen ou le sel ammoniac des Philosophes.

Pour revenir à Balduinus, il se déclare entièrement pour le nitre, dont il forme son alkahest, duquel il tire aussi un phosphore lumineux, un *Balsamus mundi,* & d'autres fort bons remèdes ; mais ce qui est assez singulier, il dit qu'il entretient & fait voir à un chacun, tous les ans pendant le plus fort de l'hiver, un jardin dans une chambre, rempli de toutes sortes de plantes verdoyantes, portant fleurs odorantes comme les plus belles du printemps. Il fait voir aussi un thermomètre qu'il a construit de son sang, réduit en quintessence, dont tous les changements combinaient & s'accordaient avec les divers degrés de santé, & les différentes dispositions qu'il ressentait en lui-même, prédisant aussi que lorsqu'il viendrait à mourir, cette essence périrait. Je fais cette digression à l'occasion du sel de tartre, que Balduinus a réduit, aussi bien que le sel nitre, à l'état élémentaire.

Théorie touchant notre Œuvre

Quoique je donne des notions, à ce qui me semble, assez aisées à comprendre, & des manipulations faciles à exécuter, je ne laisserai pas de mettre ici tout ce qui me viendra en pensée pour éclaircir plus amplement & fortifier les idées que l'on doit se former avant de commencer cet ouvrage.

Il faut avouer que la pratique dans la Chimie, est une partie absolument nécessaire ; mais il faut aussi que le raisonnement vienne au secours de l'Artiste, pour conduire son entreprise à perfection.

C'est pour cela que les Philosophes disent que Chiron a été le Maître & Précepteur de Jason & [136] que sans les forces d'Hercule, il ne serait jamais parvenu à Colchos, & n'aurait point remporté la toison d'or pour récompense de ses travaux.

Chiron est la pratique de la résolution des mixtes ; les douze travaux d'Hercule sont la vraie peinture des opérations que l'Artiste doit employer dans la dépuration des principes essentiels & enfin Jason, qui est la théorie & la raison, ayant trouvé les instruments de la nature, c'est-à-dire, la matière première, & la forme de ses règnes, entre encore plus profondément dans le labyrinthe.

Or après avoir dompté les taureaux, qui jetaient feu & flammes, endormi le serpent par la fixation de la substance mercurielle, tué le Minotaure de double nature, il trouve enfin la toison d'or, qui est le feu de nature fixe au centre du labyrinthe, qu'il enlève & remporte pour le prix de sa victoire.

Et alors il a la science plus relevée que n'avait Médée, qu'il abandonne; & revenant sur les pas, conduit par une lumière supérieure à la raison, qui n'allait qu'à tâtons en la voie de l'analyse, marche en droiture, avec certitude à la composition, avec la toison d'or, qui est le vrai & unique agent qui redonne la vie aux morts, rassemble toutes les parties du corps mises en pièces par la solution.

Toutes ces fables mystérieuses font bien voir la profondeur des connaissances des Cabalistes, & en même temps l'erreur des Sophistes, qui tirent l'eau insipide & sa terre morte, qui ne sont que les accidents dans la vraie Philosophie, qui a d'autres liqueurs secrètes, & d'autres terres que celles des Sophistes. Cette terre, ou nectar, a été trouvé par les Adeptes, qui en ont fait leurs principes spirituels immortels séparés de tous accidents corruptibles.

C'est dans ces antres souterrains que les anciens Égyptiens ont trouvé de quoi à composer leurs lampes perpétuelles, leur *alum* plumeux, lequel sert de mèche au feu immortel du soufre fixe, où l'huile incombustible &

inévaporable vient circulairement l'arroser & entretenir ce feu des Vestales, ce feu vivant & secret, qui ne brûle pas les mains de ceux qui le touchent : C'est le feu de notre soleil philosophique concentré, qui ne peut être allumé que par les rayons de notre soleil volatil, qui vivifie tout, & répare tous les défauts & maladies de ses enfants.

Mais laissons là ces allégories. Je suis surpris que Galien ait chancelé dans son sentiment touchant la qualité du vinaigre le disant tantôt chaud, tantôt froid. Les Chimistes auraient pu l'instruire par la résolution qu'ils en font ; c'est-à-dire, que quand le flegme prédomine dans le vinaigre & qu'il n'a point encore été analysé, il est véritablement froid ; mais lorsqu'il est réduit en sel, en huile & en esprit, tout cela est chaud, pour parler le langage de l'ancienne Médecine. Voilà la solution de la difficulté de Galien, sans parcourir le monde, comme il disait qu'il le ferait volontiers pour l'apprendre.

Le mercure ou esprit acide qui représente le coulant, mis sur le feu, monte ordinairement le premier en la distillation, quelquefois en petite quantité, & notamment lorsque l'esprit a peu d'esprit, & est compacte ; mais si le mixte abonde en esprit, alors le mercure monte abondamment par un feu médiocre, comme il se voit en la distillation du vinaigre, qui étant fort acide, l'esprit sort aisément avec le flegme.

Il faut observer qu'aux liqueurs fort acides, le flegme sort le premier avec une partie d'esprit acide ; mais aux liqueurs auxquelles l'huile ou la quintessence abonde, nous voyons le contraire, parce que la quintessence inflammable s'élève la première, comme l'huile éthérée : sur quoi vous pouvez inférer que le mercure s'élevant avec le flegme le premier, il est le plus extrinsèque & moins radical de ses éléments, excepté le flegme.

Mais à cela, on vous dira que quelquefois ce qui est le plus radical dans la composition, sort le premier dans la résolution : non pas à cause de sa nature, mais suivant sa consistance. J'appelle le plus radical ce qui est employé le premier par la forme universelle, pour jeter le premier fondement des éléments, qui est le premier en ordre, à cause des autres éléments, comme étant leur participé ; car sans l'humidité coulante du mercure, rien ne germerait ni coulerait, rien ne se mêlerait en particulier ; car tous les autres éléments coulent par participation du mercure, qui est le premier coulant.

Et cette prérogative étant due au mercure, il sort le premier dans la résolution, afin d'abandonner le mixte a la corruption, se retirant voilé d'un corps éthéré, qui demie caractère de tous les autres éléments ; & c'est le schamaïn, qui est une eau ignée, ou feu aqueux ; car sous ce nom, toutes les facultés des éléments sont comprises ; savoir, le fixe & le volatil : sous le fixe il y a le feu, la terre & le sel ; & sous le volatil, il y a le soufre & l'eau.

J'ai dit voilé, parce que les premières formes, qui sont le mercure, le feu & l'air, ne se montrent jamais à nous (étant incorporées) qu'à travers des corps, & la nature des corps, à travers lesquels nous les voyons, nous découvre suffisamment s'ils sont les participés ou participants d'une première forme.

Tels sont les participés, alors cette forme se voile du sel, comme d'un sel fixe & d'eau, comme d'un volatile participant de sa première forme, de telle nature est le vinaigre de tous les esprits acides.

Mais si quelqu'un me demande, en passant, que je lui montre cette première forme, ce mercure ou esprit chimique, je lui demanderai, par échange, qu'il me montre le feu & l'air des Philosophes vulgaires. Si donc des quatre éléments sensibles & corporels, ils ne me sauraient montrer que la terre & l'eau (encore assez malaisément) pourquoi avec le sel & le soufre corporels, refusent-ils d'admettre un troisième incorporel & chimique, qui est le mercure?

Que si les formes participantes de cette matière première comme est le feu & l'air, se voilent d'un fixe seulement, comme le feu, qui se voile de sel & d'arène seulement, & non pas de sel & de l'huile ensemble; car le sel & le soufre ensemble sont incompatibles au feu, puisque le feu étant fixe, il chasse le soufre volatile & l'air, & retient le sel, & l'air, qui est un germe du feu, le reçoit & joint à l'eau, comme le feu reçoit le sel & le joint à l'arène.

Il en est ainsi des huiles fermentées; car le feu se voile de cette huile rectifiée, & la fait sortir la première lorsque les mixtes en abondent.

Que si vous blâmez cette multiplication des éléments, parce qu'elle vous paraîtra sans nécessité, je réponds que la nécessité est si grande, que sans ce nombre septénaire des éléments, vous ne sauriez expliquer ni réduire à un ordre multiforme, la multiplicité de la nature uniforme, & vous ne sauriez réduire ni le soufre ni le sel à aucun des éléments vulgaires; car ils ne se résolvent qu'en eux-mêmes, & sont purement corps simples, aussi bien que leur terre & leur eau.

C'est pourquoi, comme ces êtres ne se peuvent expliquer dans la simplicité, il faut mieux les réduire à une multitude conforme à leur nature, plutôt que d'abandonner leurs essences, comme vides & inexplicables dans la nature.

L'huile & l'eau élémentaires s'évaporent peu à peu par la chaleur & activité de l'air qui enlève leurs parties humides, & les réduisent à sécheresse; mais il n'en est pas de même de notre esprit acide, qui étant exposé à l'air, au lieu de se volatiliser, a la vertu d'attirer de l'air quantité de parties humides, qui viennent se corporifier avec lui, & augmenter son volume, en se joignant à sa propre substance: par exemple, que l'on emplisse une fiole de notre esprit acide épuré, que l'on mette cette fiole dans un plat de verre, on trouvera au bout de quelque temps presque autant de liqueur dedans le plat que dans la fiole découverte & débouchée, qui sera néanmoins toute pleine. Il est vrai que cet acide ne sera plus si pur, à cause du mélange de ses parties avec celles qui sont va-

poreuses & humides de l'air; & pour expliquer ce phé-
nomène, ne pourrait-on pas dire que les esprits acides &
élémentaires contenus dans la fiole, ayant été privés, par
l'art, d'une humidité abondante, qui les accompagnait
naturellement, cherchent à la reprendre? Et d'autant
que ces esprits acides sont plus pesants que les parties
vaporeuses & humides de l'air, il me paraît que c'est la
raison pour laquelle celles-ci se condensent, & sont rete-
nues avec le vinaigre dépuré, duquel ensuite on peut les
séparer au bain-marie à petite chaleur: en sorte que ces
vapeurs aqueuses ayant été distillées, il restera au fond de
l'alambic pareille quantité d'esprits qu'il y en avait auparavant dans la fiole, avant qu'elle ait été exposée à [146]
l'air, ce qui prouve que l'acide, comme plus pesant, attire
l'humidité de l'air, dont il est avide, & cette même avidité
qui se rencontre dans l'esprit éthéré, fait que celui-ci va
chercher son humidité dans l'air, en s'évaporant.

L'huile est un principe inflammable, & se brûle entièrement sans résidence.

L'esprit est tout acide, la plus pénétrante substance
de tout le corps dont elle est extraite: on l'appelle esprit par excellence; & les Philosophes, aura, qui est une
substance fort ténue & subtile, qui meut toute chose.

Sans lui aucune fermentation ne se peut faire, vu que
c'est lui qui, agissant sur le sel du mixte, ou autre ajouté,
fait une ébullition qui atténue les parties différentes du
mixte: de sorte qu'après cela, elles se séparent aisément,
ce qui ne pourrait se faire sans fermentation.

Nous voyons de plus, qu'après [147] l'exacte dépuration desdits éléments, la séparation des uns d'avec les autres, étant rendus élémentaires, cet esprit acide se mêle avec tous en particulier, ce que ne peut pas faire l'huile éthérée, laquelle ne peut se joindre avec le sel sans l'aide de l'esprit, ni avec la terre, que grossièrement ; mais ledit esprit la fermente en un moment avec ébullition.

Pour prouver plus amplement sa pénétration & vivacité, non, seulement il s'insinue dans les principes de son règne, mais il pénètre encore dans les animaux, fossiles & métaux, même dans l'or, qui ne se peut ouvrir & corroder par choses hétérogénés, que par cet esprit. Les sels élémentaires ne se peuvent promptement élever que par son moyen.

Il ne faut pas s'étonner si après la fermentation, les matières changent de disposition : en sorte que le sel & la terre, de fixes qu'ils [148] sont, deviennent volatiles, non point par la violence du feu, qui serait plus capable de les fixer encore davantage ; mais par l'intervention & le moyen de l'esprit acide fermentateur, il les divise en petites parties, & se joint avec eux si essentiellement, qu'il y est comme collé ; & d'autant qu'il est volatile de sa nature, après avoir enchaîné ces éléments fixes, il les enlève, & les rend pareillement volatiles, après avoir contracté avec eux une forte union.

Et lorsque l'Artiste, ou le vrai Physicien, veut entreprendre de les fixer encore une fois ensemble, après qu'ils ont été sublimés ensemble, il emploie les moyens incontestables de la Philosophie hermétique, qui nous enseignent que si le volatile, c'est à savoir cet esprit acide, surmonte le fixe en quantité, ce qui ne se peut faire que par la fermentation, il l'élève & l'emporte avec soi; mais si ledit esprit est trop faible, ou en trop petite quantité, en comparaison du corps fixe, il est retenu, moyennant une due fermentation.

A l'occasion de cette maxime philosophique, que le volatile emporte le fixe, & que le fixe après cela se rend maître du volatile, & l'emprisonne, ou le fixe à son tour, c'est une chose déplorable de voir des Charlatans qui prennent abusivement du vif argent, qu'ils appellent esprit, & de l'or, qu'ils appellent corps : Ils s'imaginent de les pouvoir fermenter ensemble, tandis qu'il n'y survient action ni réaction de part ni d'autre; & lorsqu'ils ont volatilisé ledit or, par le moyen de ce vif argent, ils le fixent derechef, & ainsi le dit argent vif se convertit en or, à leur compte, ou argent, suivant la matière métallique qu'ils ont mêlé avec lui. C'est une imposture digne du supplice.

Notre esprit acide a encore la vertu de pénétrer les pierres, & de les délivrer de leurs compactions, pourvu qu'elles aient été ouvertes auparavant par la calcination. Il a aussi la force de les sublimer en consistance sèche, ou de les élever en vapeurs.

Il a aussi le pouvoir de sublimer les métaux; que si l'on objecte que ce sont les sels volatiles qui élèvent les métaux, je réponds que ces sels sont composés d'esprit acide & de sel fixe, & que la volatilisation des métaux procède de l'esprit, puisque les sels principes desdits métaux sont fixes de leur nature, & ne se font volatiles que par la conjonction de l'esprit, qui fait que la volatilisation, tant des sels que des métaux, procède de lui.

Cependant, j'avoue qu'il ne dissout point les soufres crus & visqueux des métaux, si par due fermentation ils ne sont dépurés ou atténués par légitime calcination, en quoi consiste l'un des plus grands secrets de la métallique.

Il est vrai qu'il aime tous les corps mercuriels, tant crus que cuits, purs ou impurs, & dissous les purs avec leur soufre, ou plutôt avec leur sel fixe, les impurs avec leur soufre aduste; & voulant dissoudre les mercures coagulés par les soufres visqueux des métaux non mûrs, il ne le peut proprement, s'ils ne sont calcinés par art auparavant: autrement la quantité de leur soufre crû empêche la dissolution de leur mercure, ce qui fait qu'il ne peut les dissoudre comme les autres, mais bien les calciner promptement.

Je passe outre, & dis plus, que l'esprit est un milieu entre l'huile & le sel, comme un lien, pour les enchaîner tous deux, & les joindre quasi inséparablement; car il élève le sel, qui auparavant la sublimation, ne se peut joindre à l'huile élémentaire; mais après que l'esprit [152] a élevé le corps, qui est le sel, il reprend aisément son âme, qui est l'huile, & par ce moyen se fait un corps quasi homogéné fixe & inséparable de ces trois, lesquels ne se pouvaient unir inséparablement avant la sublimation du corps, à cause de la terre, second principe de corruption, qui y était mêlée, & qui empêchait l'union indissoluble de l'âme & du corps, qui est procurée par l'intervention de cet esprit, lequel se mêle promptement avec tous les principes.

Et parce que cet esprit est fort pondéreux, nous devons savoir que les corps les plus pesants & compactes, ont plus d'esprit & de sel. Que si on objecte pourquoi donc Saturne est plus pesant que la Lune, je réponds que le mercure de Saturne, quoiqu'il soit plus aqueux que celui de la Lune, néanmoins sa plus grande pesanteur provient de son fort mélange avec [153] son soufre visqueux, abondant en sel & en esprit ; au lieu que celui de la Lune n'est si bien uni, parce qu'outre son sel blanc & interne fixe, elle a quantité de soufre externe, plus terrestre que celui de Saturne, quoique plus abondant, & par conséquent qui a moins uni & mélangé ses parties mercurielles.

Observations sur les Huiles

L'Huile grossière & fétide dont nous avons tant parlé, demande que l'on change de vaisseaux toutes les fois qu'on la rectifie, parce que ces vaisseaux retiennent une impression de mauvaise odeur ; & après avoir calciné la masse restante en blancheur, on en fait une lessive avec du flegme chauffé, remuant le tout avec un bâton, jusqu'à ce que l'eau paraisse salée au goût, ce qui arrive ordinairement en cinq ou six heures. [154] L'huile inflammable des mixtes se distingue d'avec les huiles, par défaillance, en ce que celle-là est vraiment inflammable, & celle-ci n'est rien qu'un sel résout à l'humide : car, *Salia dissoluuntur aquis & humido.*

Quant aux huiles inflammables, on demande pourquoi les unes flottent sur l'eau, les autres se mêlent & s'incorporent, jusqu'aux moindres atomes, avec l'eau ?

Je répondrai que les huiles & choses inflammables, flottent sur l'eau à cause des parties hétérogènes qui les composent, ayant une substance visqueuse, ou suie, en elles qui les soutient sur l'eau, les empêche de s'incorporer, & n'a nulle ressemblance avec l'eau, ce qui ne se trouverait pas si les sucs donc ces huiles se tirent avaient été fermentés.

Les huiles qui se mêlent jusqu'aux moindres atomes avec l'eau, sont, par exemple, les huiles éthérées bien rectifiées de leur suie ; celles qui flottent sur l'eau, sont les huiles grossières, qui sont entremêlées avec leur suie & autres hétérogénéités, comme l'huile d'olive, comme celle de navette, de colzas, les résines, les bitumes, & autres par expression, de même que celles qu'on extrait par distillations fortes, par la retorte des choses combustibles, lesquelles avant leur rectification flottent sur l'eau.

Il faut donc dire que la fermentation étant une opération par laquelle les choses crasses & visqueuses sont rendues ténues par la séparation qui se fait de cette viscosité dans la digestion, il s'ensuit que les huiles qui se tirent des choses ci-dessus, flottent toujours sur l'eau.

Mais il en arrive autrement quand on ne procède à la distillation qu'après la fermentation, c'est-à-dire, après la solution de ces mixtes en leur propre menstrue : en sorte que par la digestion, cette suie, ou viscosité, se sépare dans la substance inflammable ; après quoi, étant en sa pureté, elle s'incorpore avec l'eau, n'ayant aucune hétérogénéité de substance.

Pour preuve que les huiles procédant d'expression ou séparation, sans fermentation préalable, sont remplies de cette suie fuligineuse, vous n'avez qu'à prendre de ces sortes d'huiles, & les faire brûler au-dessous de quelque couvert creux, qui en reçoive la fumée ou vapeur immédiatement sortant de la flamme, & vous vous apercevrez bientôt par la suie qui adhérera à ce couvert, combien il y a de cette substance fuligineuse dans ces sortes d'huiles, ce que ne sont pas les huiles éthérées après la fermentation.

De plus, cette suie se voit assez dans la contemplation de la flamme d'un tison, d'une chandelle ou d'une lampe, où on observe deux [157] choses : savoir, la flamme qui arde brûle actuellement son sujet inflammable & la matière qui doit recevoir une nouvelle flamme. Les matières inflammables sont ordinairement les huiles grossières, poix, suif, &c., & la matière qui reçoit la flamme n'en est pas différente.

Mais on demandera l'origine de cette flamme, je répondrai que la flamme où il y a chaleur brûlante & luisante, est élémentaire, & prend son origine d'une flamme éthérée, luisante & vivifiante. Cette flamme éthérée prend son origine de la surcéleste luisante, attendu que les corps célestes sont des lumières conglobées qui n'ont besoin d'entretien ; mais comme fumées permanentes, épanchent leurs lumières & influences en un même instant jusqu'au centre de l'univers, comme une vertu séminaire & rayonnante, pour fournir la vie & propagation aux espèces des végétaux, animaux & minéraux ; aussi [158] au contraire, l'élémentaire ne peut subsister sans nouvelle matière, & est toujours attaché à cette matière ; à savoir à la graisse des animaux, qui en ont plus que les végétaux, & ceux-ci plus que les minéraux, & les minéraux ou marcassites, en ont plus que les métaux : J'entends de ces soufres inflammables.

Les pierres ont leurs soufres tout à fait fixes & célestes, comme le diamant, le rubis, le saphir, escarboucle, qui luisent perpétuellement, quoique nous ne nous en apercevions que dans l'obscurité.

Mais sans m'arrêter avantage à l'origine de sa nature, il faut dire quelque chose de l'origine de sa naissance : en premier lieu, les fictions poétiques portent que Prométhée l'alla dérober dans le Ciel, pour en accommoder les mortels, de quoi il fut grièvement puni par les

Dieux : aussi est-il vrai que la flamme tend toujours vers le haut, aspirant de retourner vers son origine.

Il est certain qu'il y a continuité de lumière entre nous & l'éther, quoique sa ténuité ne nous permette pas de l'y apercevoir.

Homère, en l'Hymne de Vulcain, dit que lui, étant assisté de Minerve, enseigna aux hommes leurs artifices & beaux ouvrages, inférant par Minerve, Déesse des Arts & des Sciences, l'entendement & l'industrie ; & par Vulcain, le feu, qui les met à exécution, lequel, selon Diodore, fut un homme qui ayant vu un arbre embrasé & frappé d'un coup de foudre, révéla le premier aux Égyptiens sa commodité & son usage.

Revenant à la contemplation de la flamme d'une chandelle allumée, nous y distinguerons trois sortes de couleurs, ou lumières différentes ; une qui s'arrête au fond de cette flamme plus proche de la mèche, & est bleuâtre, comme le soufre commun enflammé, comme aussi tout autre soufre des minéraux ou marcassites & métaux.

La raison de cette couleur bleue c'est parce que le feu qui est enveloppé dans le soufre ou graisses, dissolvant le mixte, les esprits les plus fixes d'icelui, montent avec le soufre ou graisse, & changent sa couleur, la faisant participer de la couleur de ces esprits, qui ordinairement sont vitrioliques, quoiqu'ils soient dans les bois, charbons, graisses, soufres & bitumes.

Car il est certain que les esprits des animaux sont nourris des végétaux & par conséquent participent d'eux. Les végétaux semblablement tirent leurs aliments des esprits minéraux, mais ces esprits sont très fixes dans les métaux ; moins dans les végétaux, mais très volatils dans les animaux. Les esprits minéraux, quand ils sont dépurés & séquestrés des autres parties de leur mixte, sont [161] appelés leurs vitriols, & ce vitriol n'est autre chose que le suc d'un métal dépuré.

Aussi voyez-vous paraître une flamme bleue, lorsque ceux qui manient le cuivre, le font rougir par la force des soufflets, & même ce qui se sublime des esprits métalliques, adhérant au poêle de ces gens-là, les teint en bleu ; & pour faire démonstration de ceci, c'est que ce bleu est le bleu de vert, qui est la rouille de cuivre : vous verrez le même à l'entour de la flamme, dans laquelle le vitriol se calcine, ou le sel commun : ou, si vous mettez à l'obscurité l'antimoine en calcination, vous verrez cette même flamme bleue paraître tout près de la matière, comme un soufre commun, lequel est plein de vitriol, témoin cette acidité qu'on en tire pareille à l'esprit de vitriol ; car tout vitriol a un soufre inflammable en soi, & tout soufre a beaucoup d'esprit de vitriol, aussi en soi.

L'autre couleur de la flamme de la chandelle, un peu plus élevée, est blanche, parce que les esprits vitrioliques ne montent pas si haut pour teindre sa blancheur. La troisième est rouge en haut, parce que la bleue & la blanche chassent la suie noire qui se coule le long de la mèche, laquelle monte en pyramide, de sorte que dans l'étendue large de cette flamme blanche, la noire ne peut assez teindre cette blancheur, dont la substance est plus raréfiée ; mais vers la pointe, où la blancheur est resserrée, la noire teint profondément de blanc en rouge ; ainsi vous voyez dans les différences de la flamme, les différences des matières combustibles.

Mais encore une plus grande difficulté à expliquer dans la résolution du mixte, est de savoir d'où vient une si grande activité de la flamme ; on répond naturellement que c'est une libre & facile communication d'une flamme à [163] une autre matière inflammable, mais qu'une étincelle puisse enflammer un monde entier, s'il était plein de poudre à canon, ou autre matière combustible, comment se peut-il faire ? On répond encore, que la promptitude à recevoir la flamme dépend, non seulement de la sécheresse de la matière combustible, mais aussi d'une quantité d'esprit nitreux dont elle est remplie ; & ces esprits ayant une disposition prochaine à concevoir un mouvement expansif au moindre attachement des corpuscules nitreux qui sont déjà enflammés, il s'ensuit nécessairement l'éruption d'une flamme, qui a une étendue proportionnée à la quantité de la matière qui la produit.

Ce sont donc ces esprits de nitre qui sont les plus proches enveloppes de l'âme du monde : & cette âme étant universelle, fait son office dans l'instant même, comme fait l'âme sensitive dans son propre corps, jusqu'a la der-

nière extrémité de sa sphère : *Tota proportione partium* :
le tout étant en chacune partie.

C'est pourquoi la richesse inépuisable de cette flamme
dépend de cet esprit, qui remplit tous les espaces jusqu'au
centre de l'univers ; & si notre vue corporelle pouvait pénétrer & distinguer la subtilité & ténuité de cet esprit
universel, certainement nous verrions aussi bien de nuit
que de jour ; car cet esprit n'est que lumière & influence ;
mais n'ayant pas ses enveloppes appropriées pour assez
incrasser & corporifier ses rayons, il ne se montre à nous
que par des corps sensibles & sulfurés & ainsi nous fait
croire qu'il n'y a rien de certain que ce que nous voyons,
lorsque tout au contraire il n'y a rien de plus certain que
l'incertitude de la connaissance, même des choses corporelles, étant examinées par la raison. [165]

L'esprit universel est de sa nature très subtil & invisible, & jamais il ne peut paraître à nos yeux, qu'il ne
s'enveloppe de quelque matière visible plus grossière ; &
cette matière plus prochaine, capable de lui servir d'écorce, sont les corps subtils, aqueux, salineux, sulfureux.

A propos de cet esprit universel, je me souviens
d'avoir entrepris une opération rare & singulière, touchant la rosée : c'est après avoir lu un Passage de Van
Helmont, qui dit : *Arte dedici rorem saccharo esse divitem
& multis morbis opitulantem.* Ayant assez d'estime pour
cet Auteur, j'ai mis vingt ou vingt-cinq pots de rosée en
putréfaction, quarante jours, au fumier, après l'avoir filtré.

Ensuite je l'ai distillé au bain-marie non bouillant; après la première distillation, j'ai trouvé un sédiment au fond de la cucurbite, insipide & limoneux, que j'ai jeté, [166] comme inutile, espérant que le sel viendrait dans la suite. J'ai donc réitéré la distillation huit ou neuf fois : à la quatrième ou cinquième, j'ai trouvé les chapiteaux de mes alambics (car j'en avais plusieurs) tout tapissés comme des toiles d'araignée, qui n'étaient rien autre chose que le sel volatil de la rosée, qui commençait à se manifester sous l'apparence de cette matière : j'ai confondu cela avec la liqueur; & enfin, aux dernières distillations, j'ai trouvé un sel au fond des cucurbites, salineux, crasseux, que j'ai filtré, l'ayant délayé dans une partie de la rosée : puis j'ai remis ce sel avec la liqueur, qui s'est chargée d'un nouveau sel & nouvelle crasse, & répété cet ouvrage tant qu'il n'est plus rien venu. J'ai donc retiré de tout cela deux onces de sel cristallin très pur & très beau, comme le plus fin salpêtre, fondant à la bouche, & fulminant de même sur le charbon [167] ardent; mais il faut que la substance de ce sel soit beaucoup plus précieuse que celle du salpêtre; car ayant mis mes deux onces dans une petite cornue sur un feu de sable, avec un récipient, j'y vis entrer une fumée blanche, ensuite rouge; mais ayant poussé le feu un peu trop, la cornue a crevé, & j'ai retiré le sel à peu près de la quantité que je l'y avais mis. On me dira peut-être qu'en tout cela, il ne paraît rien qu'on ne voie arriver à la distillation du salpêtre ordinaire.

Mais le salpêtre commun vous donne par la distillation, une eau corrosive & puante & ce sel de rosée m'a donné une liqueur, quoiqu'en petite quantité, d'un goût très subtil, agréable & salin, accompagné d'une odeur de fleurs de vigne, la plus suave qu'on peut imaginer.

On remarquera que j'ai diminué & retranché à chaque distillation un tiers de la liqueur, [168] pour ne travailler que sur l'esprit.

Si Van Helmont, qui se contente de dire au Public qu'il a appris par art à extraire un sel de rosée, en eût donné la manipulation, comme je le fais, on lui en aurait plus d'obligation. Ce remède doit être administré comme une panacée universelle, pour aider à la respiration, en débouchant les conduits des poumons, calmant les esprits irrités, rafraîchissant la masse du sang : en un mot, lui procurant une circulation libre ce qui dépend d'un esprit salin volatil & bien exalté, tel que celui de notre rosée : la dose est d'un scrupule, ou environ ; & quoique je n'en aie tiré que deux onces de vingt ou vingt-cinq pots de rosée, je ne doute pas qu'un autre n'en obtienne davantage, parce que j'ai eu quelques vaisseaux cassés, qui auront causé de la diminution à ce produit ; & Van Helmont, Auteur de ce remède, dit qu'il est abondant en sel, *saccharo divitem* ; ce sucre doit être pris & entendu pour sel.

Après tout, je ne sache aucun Auteur qui en ait donné une analyse aussi exacte que celle ci-dessus, Mr. Lémery n'en fait pas plus de cas que de l'eau de pluie, dont il se sert pour faire le safran de Mars, & passe sous silence toutes les préparations que l'on en peut faire d'ailleurs.

Or je rapporte cette expérience pour prouver que ce sel de rosée ayant pris corps, était auparavant contenu dans son eau, sous une forme invisible & comme un pur élément, attendu que je l'ai distillé plusieurs fois, & qu'il a passé de bout, sans laisser aucune résidence.

D'où je conclus que l'esprit universel, ou âme du monde, comme on voudra l'appeler, n'est ni visible, ni facile à attraper, à moins qu'il ne soit enveloppé dans quelque matière prochaine, comme nous avons dit, & il me paraît que l'humidité de l'air lui pourrait servir de réceptacle, puisque cet esprit réside dans l'air d'une nature vague & indéterminée.

Et d'autant que cette basse région que l'on nomme atmosphère, est toute remplie des esprits en question, on ne peut choisir un temps plus propre pour en faire la pêche, que le mois de Mai ou de Juin : il se fait alors une éruption continuelle des esprits sortant de terre, qui s'élèvent dans l'air, & réciproquement toutes les nuits il se fait une précipitation ou cohobation de ces mêmes esprits, qui sont resserrés dans leurs petites enveloppes d'eau ; & tombant ainsi la nuit sur les végétaux, leur procurent la fécondité, aussi bien qu'aux minéraux, auxquels ils vont donner la nourriture & accroissement, chacun dans leur espèce.

La rosée contient donc un principe de fécondité, qui consiste [171] dans un esprit volatil salin & sulfureux, que nous faisons sortir de sa prison, n'étant qu'emprisonné, & nous le réunissons, par art, en substance visible, telle que nous l'avons dit.

Car à bien considérer la nature des choses, tout ce qui est corporel & viable n'est point le vrai être, ni l'essence de la chose, mais c'est le lieu, in quo, ou l'enveloppe des principes actifs, dont la force est d'autant plus affaiblie, qu'il est composé & couvert d'enveloppes corporelles, & est; d'autant moins : *unum, bonum verum* (qui sont les propriétés de l'être) qu'il y a de soustraction à faire de tout ce qui est inutile & accidentel a son essence primitive : car les vrais êtres ne doivent être dans aucun autre sujet que dans eux-mêmes : Et puisque la matière postérieure aux formes, & le composé aux accidents, est cause que ni l'un ni l'autre ne sont pas des vrais êtres, ne faut-il pas aussi avouer que là où il n'y a ni matière ni composé, là doivent être les vrais êtres ? Car toutes formes n'ont besoin d'autres matières qu'elles-mêmes, ayant la forme comme l'idée seulement de la matière : Et si vous demandez d'où vient ce premier être & essence ? C'est, sans doute, de la première unité, qui est son créateur ; Et comme dit l'Apôtre, parlant du Fils de Dieu : *Toutes choses ont été faites par lui, & en lui, & il est devant toutes choses : elles sont faites en lui, tant visibles qu'invisibles, au Ciel & en la Terre.*

Je dis donc que cette lumière ne se montre que quand ses enveloppes sont appropriées à son dessein, car cet esprit nitreux, à travers duquel l'âme, ou esprit universel,

se montre, fait ses actions sur les choses humides, aussi
bien que sur les sèches, mais diversement ; car dans l'humide, c'est sans l'âme, ou lumière, mais avec chaleur, &
cette [173] chaleur est dans le sel ; & sur les choses sèches, c'est avec flamme, lumière & chaleur dépendantes
du soufre.

Ces doutes ainsi éclaircis, expliquent maintenant les
raisons des couleurs qui se trouvent sur le sel de tartre
par la continuation du feu. Le vert, qui se voit le premier, est un avancement au bleu : le tout dépend des
esprits métalliques contenus dans le tartre, dont celui de
Vénus, ou cuivre, prédomine.

Mais le rouge, c'est pour montrer que les choses qui
se voient dans les volatiles, comme dans l'huile fermentée
de vin, improprement appelée esprit de vin, étaient premièrement dans le fixe, savoir, premièrement au sel, puis
au soufre ; c'est pourquoi le soufre est la plus prochaine
cause matérielle des couleurs : le sel en est néanmoins
cause, mais la plus éloignée. Pour ce qui est de la séparation qui se voit dans le flegme, cela procède de la fermentation, car comme la fermentation faisait séparer la
suie (qui séparait & soutenait le soufre ou huile) d'avec
le sel, aussi ladite fermentation retire non seulement une
nouvelle viscosité de l'intérieur de ce sel, pour le joindre à son soufre dépuré, mais aussi lui donne un soufre
incomparablement plus relevé & excellent qu'il n'était
auparavant, en odeur, couleur & propriétés, pour le faire
un élixir du remède universel ; non seulement pour res-

taurer les forces, mais aussi pour les augmenter & prolonger la vie considérablement.

La Philosophie moderne nous apprend que les couleurs dépendent des différentes réfractions que la lumière fait sur les corps, à raison de la différente configuration des parties qui forment leurs superficies, sur lesquelles tombent les rayons du soleil.

Mais il me semble que si les corps ne contenaient point de matières lumineuses, avec lesquelles ses rayons pussent se communiquer, il serait difficile de bien expliquer la différence des couleurs, par la seule différence des réfractions.

Car examinant bien notre sel de tartre, qui parois d'abord blanc, puis vert, ensuite bleu, & enfin rouge, si nous n'admettons point des esprits lumineux préexistants dans la matière, dont il se fait un développement par les corpuscules du feu externe, qui les extravertis, je ne crois point que la seule raison des différentes réfractions sur la superficie des corps, puisse suffire pour donner une juste notion de la manière dont se font les couleurs.

Il est donc vraisemblable de dire que le tartre paraît vert après que les esprits sulfureux, qui étaient auparavant enveloppés l'une viscosité blanche, ont été [176] débarrassés par la fonte de cette viscosité ; & qu'ensuite ces esprits s'étant alliés avec la lumière, ont fait paraître à nos yeux une couleur verte : comme aussi par la continuation du feu externe, ces mêmes esprits ayant acquis quelque degré de coction & de pureté, par la séparation d'une nouvelle crasse se sont manifestés en couleur bleue finalement, après être parvenus au plus haut degré de pureté élémentaire, n'ayant plus rien de ténébreux qui les enveloppe, on y remarque la couleur rouge : laquelle couleur est le terme de la perfection des sels, quand par la voie philosophique, ils ont été conduits & réduits à cet état.

Je dis quand la matière a été traitée philosophiquement ; car que l'on mette du sel de tartre au feu, sans avoir été auparavant bien préparé, qu'il y soit entretenu & poussé au degré qui y est requis pour le faire rougir, comme il est [177] arrivé à certains Chimistes, ils ont trouvé par ce moyen leur matière vitrifiée.

Il faut donc conclure de ce que dessus, que non seulement les couleurs sont essentiellement dans tous les mixtes, mais aussi la lumière ; & que quand ni l'un ni l'autre ne paraissent point, c'est qu'ils sont voilés & enveloppés des parties grossières, ou principes passifs qui les environnent.

Il n'y a point de doute que la lumière ne soit le commencement & la fin de toutes choses, & n'accompagne toutes choses ; car quoique le soleil & les étoiles paraissent être les seuls foyers de la lumière, on ne peut pas pour cela croire que tous les autres êtres, jusqu'au centre de la terre, n'en soient participants, la lumière étant une propriété radicale de tous les êtres. Pour le prouver, il n'y a qu'à considérer l'éclat d'un diamant, la lueur d'une escarboucle, les couleurs [178] vives & brillantes des plumages des oiseaux, des écailles de poissons, & le feu actuel qui sort des yeux des animaux quand ils sont en colère : en un mot, ces foudres & ces éclairs, dont la lumière éblouit les yeux, qui sont néanmoins les productions d'un nuage noir & épais, qui obscurcit l'air avant de l'éclaircir.

Il est constant que toutes les matières sublunaires ont un feu & une lumière intrinsèque, par lequel elles vivent & s'entretiennent dans ce qui constitue leur être, jusqu'à ce qu'il s'en fasse une dissolution, qui donne lieu à la dissipation de ce feu interne & lumineux.

Avant la désobéissance du premier Homme, on peut raisonnablement conjecturer que tout reluisait en beauté dans le Paradis terrestre. Sans doute que les végétaux, minéraux & animaux, étaient alors dans leur perfection naturelle ; je veux dire que chaque chose faisait éclater ce principe de lumière qu'il renfermait en soi. Les arbres avaient leurs écorces unies & polies, les feuilles bien verdoyantes, & leurs fruits d'une belle couleur & de bonne odeur. Les plantes, à proportion, n'avaient besoin d'aucune culture pour porter fleurs & semences. Les minéraux & métaux étaient sans rouille dans les entrailles de la terre. Ce que Dieu avait créé ne devait ressentir les approches de la mort, qui sont la crasse, la puanteur, & la privation d'un certain lustre, qui accompagnait tous les mixtes, selon leurs genres & espèces. Quant aux animaux, il n'y en avait aucun malfaisant : il n'y en avait point de venimeux ; tous beaux & bien faits, étaient l'ornement de la nature. Ce feu secret, que Dieu leur avait insinué, les faisait paraître avec éclat : Et comme il est dit dans la Genèse : Le Seigneur a trouvé bon tout ce qu'il fit. Mais attendu que toutes ces choses avaient été créées pour l'usage de l'Homme fidèle dans le Paradis terrestre, sitôt qu'il est devenu prévaricateur, elles ont dégénéré de leur premier état.

Que pourrait-on dire du cours des saisons ? Je crois que c'eût été un printemps perpétuel, & les hommes n'auraient jamais entendu les tonnerres gronder sur leurs têtes. Pour autoriser cette opinion, on peut présumer que Dieu irrité contre les hommes, a refusé aux éléments la continuation de ces agréables influences qu'il leur avait communiquées d'abord ; & les ayant, pour ainsi dire, abandonnés, leurs esprits, farouches & impétueux, se sont entrechoqués avec telle violence, qu'ils ont fait trembler la terre, & retentir l'air de leurs bruits menaçants ; les bâtiments, de ruines ; & les hommes, de mort. Au milieu de tout cela, [181] il est très évident que nous remarquons toujours, & en toutes choses, un feu secret & une lumière invisible : en quoi consiste la vertu cachée de tous les êtres.

Après avoir suffisamment fait connaître que tous les mixtes renferment un esprit lumineux, il faut enseigner à l'en retirer pour le mettre au jour, & s'en servir avantageusement à l'usage de la Médecine, le rendre capable de pénétrer jusqu'aux dernières digestions, comme dit Van Helmont : *Per modem irradiationis.*

Car c'est le propre des médicaments spiritueux &
volatils, d'agir comme la lumière ; c'est pourquoi les
principes élémentaires des mixtes sont appelés par les
Philosophes, feu ou lumière ; à la différence des remèdes
communs, grossiers & féculents, qui causent des nau-
sées, pèsent sur l'estomac, irritent les parties par où ils
passent, & accélèrent bien souvent cette heureuse jour-
née tant attendue par des héritiers affamés, comme dit
Despreaux.

Mais on objectera peut-être que les remèdes les plus
subtils ne peuvent agir par irradiation dans le corps humain, attendu la quantité d'humeurs grossières, l'épaisseur des chairs & l'obliquité des conduits, & que pour
agir comme une lumière dont le mouvement est momen-
tané, il faudrait que le corps fût diaphane comme l'air,
qui tout à coup est illuminé du soleil, dont les rayons en
un instant parviennent de l'horizon jusqu'à nous, sans
obstacle lorsqu'il est serein.

Il est facile de répondre à cette objection, suivant
Hippocrate : *Totum corpus est conspirabile & perspirabile.*
Il est vrai que le corps humain reçoit des impressions
par la voie de la circulation ; mais les esprits animaux,
qui sont les directeurs des fonctions les plus sublimes,
[183] ont partout une correspondante si soudaine, qu'il
faut convenir que leur mouvement se fait par radiations.
Il est constant que le napelle, qui est un poisson, seulement goûte du bout de la langue, portera vertu maligne
en fort peu de temps au cerveau comme aussi un air

infecté suffoque en un moment: Pourquoi ne voudrait-on pas de même qu'il y ait des médicaments qui agissent par irradiations, & communiquassent leurs vertus en un instant aux esprits animaux, avec lesquels ils fassent une soudaine liaison, pour en augmenter la force & la vertu, jusqu'à pouvoir en très peu de temps, renouveler toute la masse du sang & des humeurs. Le prodigieux effet de la pierre de Buthler, dont parle Helmont, revient ici fort à propos. Buthler ne faisait que toucher le bout de la langue avec sa pierre insipide, & il guérissait des maladies considérables. [184]

OUVRAGE PARTICULIER OU BRANCHE DE NOTRE ARCANE, QUI EST LE PETIT CIRCULÉ DE PARACELSE

Traité de Persicaire

Prenez trois livres de tartre calciné en blancheur à feu de réverbère, dissolvez-le en esprit de vin, par putréfaction durant sept jours: ensuite mettez cette solution dans une cornue de terre de Beauvais, adaptez-y un grand récipient de verre, & procédez à la distillation selon la manière ordinaire des distillations d'eau-forte, commençant d'abord à petite chaleur, puis augmentant peu à peu jusqu'au feu très violent.

Premièrement, distillera l'esprit de vin, ensuite viendra une liqueur huileuse noire, & il restera une tête morte de tartre.

Vous séparerez le récipient de la cornue; puis mettant la liqueur dans un alambic de verre, vous séparerez par distillation, l'esprit de l'huile noire par le bain-marie : ladite huile restera au fond, dont on n'a pas besoin dans cet arcane.

Revenant à la tête morte, vous la mettez dans un creuset au feu de réverbère durant vingt-quatre heures continuelles; après quoi, délayez lesdites fèces avec une égale quantité de vin ardent; les ayant mis dans une retorte de verre, ou de terre, vous distillerez, comme devant, tout l'esprit qui pourra monter par tous les degrés de feu, comme l'eau-forte.

Vous remettez ensuite calciner les fèces restantes vingt-quatre heures au feu de réverbère : vous imbiberez cette chaux avec une égale pesanteur, ou quantité d'esprit de vin, vous distillerez, comme devant, tous les esprits, & réitérerez ce procédé tant qu'il ne reste au fond aucune chose de sel de tartre, qui par ce moyen sera entièrement volatilité, & joint avec son esprit de vin.

Vous mettrez ensemble tous les esprits de vin imprégnés du tartre volatilisé & après l'avoir parfaitement bien rectifié de toutes impuretés, tant flegmatiques que fuligineuses, vous les mettrez dans une bouteille de verre scellée hermétiquement, & procéderez à la coction & digestion de cette liqueur, par les degrés de chaleur, selon l'art, à l'athanor, tant qu'elle soit convertie en siccité.

Après cela, vous mettrez cette poudre dans une cornue de terre, & vous en extrairez par distillation, l'esprit de la même manière que vous avez fait auparavant du tartre calciné.

La pesanteur d'un grain d'orge de cet esprit, mêlé avec demi-dragme de mithridat, dans une demi-once d'eau de chicorée, ou de plantain, & administré, selon la disposition des personnes, par quelques reprises différentes, ôtera toutes les racines des ulcères.

Plusieurs pourraient ici par ce peu de paroles, être instruits, & parvenir au plus profond fondement de la Chirurgie, & à la vraie transmutation Vulcanique, de même qu'à la connaissance de la teinture solaire, des pierres précieuses, & autres.

Mais, s'écrie Paracelse, c'est grande pitié que l'avarice & la paresse sont la cause qu'on ne veut travailler à l'entière perfection de cet arcane, par le secret du feu ou de l'eau philosophique.

Paracelse découvre ici son grand secret du circulé sulfureux, & de son eau ignée, qu'il appelle feu caché philosophique, dont il ne fait pas ici mention, tant pour guérir les ulcères radicalement, que pour la métallique & les pierres précieuses ; & voilà le commencement de l'alkahest, qu'il cache en tant d'endroits avec beaucoup d'adresse, qui est ici découvert en peu de mots.

On remarquera cependant qu'il faut bien observer de ne pas employer tout le sel dernier circulé & digéré & ne le pas convertir totalement en esprit; mais il en faut faire digérer une partie jusqu'à rougeur fixe, & ensuite on le fera résoudre par putréfaction, dans du nouvel esprit de vin bien déflegmé; & après en avoir séparé itérativement le flegme, vous mettrez digérer le reste en l'œuf philosophique, tant que vous soyez encore parvenu à la siccité blanche, dont on pourra encore tirer l'esprit par forte distillation; c'est cet esprit qu'il appelle circulatum minus.

Mais l'ayant laissé digérer jusqu'à rougeur fixe, pour lors c'est un vrai soufre philosophique; c'est la lampe perpétuelle des Philosophes, & la minière de leur feu, qui se multiplie, comme vous voyez, par nouvelle solution, en première matière.

Que si après avoir dissout une quantité de ce soufre rouge dans de l'esprit ou quintessence de vin, vous distillez ensuite cet esprit, tant que tout le soufre soit uni avec l'esprit de vin, & passé par le bec de la cornue; & ensuite dissolvant encore dans icelui du nouveau soufre rouge, vous redistillez & calcinez le tout, & recommencez le procédé tant que l'esprit de vin ainsi imprégné, ne veuille plus recevoir aucun soufre: alors vous aurez une huile entièrement rassasiée & rendue complète, qu'on appelle véritablement alkahest incorruptible & immuable, avec laquelle Paracelse & Van Helmont ont fait de surprenantes opérations.

Autre procédé particulier du Sel de tartre

Prenez le sel de tartre, dissolvez dans le flegme du vin, filtrez & répétez cela trois fois, ou tant qu'il ne laisse rien sur le filtre, puis calcinez jusqu'à parfaite blancheur : prenez de ce sel calciné en blancheur une livre, mettez au bain-marie avec quatre livres d'esprit rectifié, mêlez & distillez deux parties, qui seront sans goût, répétez ce procédé avec de l'esprit philosophique, jusqu'à ce que vous le retiriez comme vous l'avez mis : ensuite faites dessécher votre sel parfaitement, réimbibez de nouvel esprit ; il en retiendra encore quelque peu ; mettez ensuite ce sel au sublimatoire de verre, il se sublimera une matière blanche comme du camphre : gardez précieusement ce sublimé ; car ce sel étant mêlé avec l'esprit éthéré, philosophiquement préparé, & avec lui [191] volatilité, il dissout le soleil calciné ; puis étant mis en putréfaction avec lui, il en tire la teinture, laquelle teinture finalement se dissout & résout en eau visqueuse : laquelle étant desséchée, se mêle avec le mercure sublimé & très bien purifié.

Pour faire des Pierres précieuses avec leurs fragments.

Libavius dit qu'il faut prendre des fragments de pierres précieuses, les dissoudre dans du vinaigre radical, dans lequel soit dissout son propre sel ; l'un & l'autre bien purifiés ; que l'on mette la solution dans des moules, de telle figure que l'on veut, & ces pierres ainsi moulées, se mettent suspendues sur la vapeur de l'eau de blanc d'œuf, où elles se fixent. Si on veut les rendre plus hautes en couleur, on y peut instiller quelques gouttes de la solution de quelque chaux métallique. [192]

DISSERTATION SUR LES LAMPES
SÉPULCRALES

L a manière d'extraire une matière, ou huile incombustible & lumineuse perpétuelle, pareille à celle que l'on dit avoir été découverte dans plusieurs anciens tombeaux, & notamment dans celui de Tullia, fille de Cicéron, après quinze cent ans, nous paraît fort approchante du procédé que nous tenons dans notre Œuvre végétable ci-dessus décrite.

Et quoique je ne doute nullement que l'on ne puisse tirer cette huile de toutes les substances sublunaires, je crois néanmoins que celles qui sont contenues dans les minéraux, ou métaux, ont plus de disposition pour cet effet, à cause de l'activité, rigidité & petitesse des parties qui les composent, telles que celles qui produisent des éclairs, qui accompagnent les tonnerres, dont la matière ne peut être autre chose que des particules sulfureuses minérales très subtiles, répercutées au centre d'une nuée, à travers de laquelle il se fait une soudaine éruption, avec éclat, par la force élastique des parties ignées réduites à l'état élémentaire, qui produisent une lumière la plus éclatante qu'il y ait dans la nature après celle du soleil. Voilà un principe tout à fait lumineux, contenu dans des matières minérales, & des plus évident.

Cela supposé, je commence à établir ce que j'avance sur l'existence des phosphores, ou corps lumineux naturels, qui se trouvent en quantité dans les trois règnes ; savoir, entre les minéraux, les diamants, la pierre de Bologne, &c.

Entre les végétaux, plusieurs bois luisants, & qui font feu, &c. Et parmi les animaux, les yeux des chats irrités, les vers luisants, quantité d'écailles de poissons, &c,

M. Ozenam, qui a prétendu refuser la possibilité des lampes sépulcrales, a dit que toutes ces lampes ont été découvertes au hasard, par des ouvriers crédules, à qui on avait persuadé que c'étaient des lampes allumées, au lieu que ce ne pouvait être que des lumières produites par des exhalaisons grasses & huileuses, qui venant à faire éruption hors des catacombes des tombeaux, où elles étaient renfermées depuis longtemps, ne manquaient point de s'enflammer à l'abord d'un air nouveau, à la manière des feux follets, & s'éteignaient en peu de temps. Néanmoins, comme les ouvriers s'apercevaient qu'ils avaient une lampe qui produisait de la lumière, ils persévérèrent à dire qu'ils avaient vu une lampe qui éclairait.

Mais tout cela ne peut effacer la réalité des lampes perpétuelles, d'autant moins que lui-même avoue par hypothèse, que s'il s'en pouvait faire, ce serait avec un phosphore : de quoi je ne disconviens point. J'ajoute même que quand on n'aurait jamais découvert de lampes sépulcrales perpétuelles, cela n'exclurait point la possibilité d'en faire, comme l'on voit tous les jours des matières perfectionnées par les Arts, entre les mains des Artistes, à qui la nature ne les a fournis qu'en embryon.

C'est le style ordinaire des Savants de douter de tout, comme celui des ignorants d'être trop crédules ; mais pour juger sainement, il faut suspendre son sentiment sur ce que l'on ne connaît point parfaitement. Les difficultés qui se présentent pour ne point ajouter foi à quelque chose, ne méritent pas toujours qu'on la révoque en doute.

Il suffit de dire, que comme l'on fait que dans beaucoup d'occasions, l'art perfectionne la nature, il me semble qu'en celles-ci on peut fort bien y réussir. Il faut pour ce sujet, convenir que les parties lumineuses qui émanent des phosphores, sont les plus subtiles & les plus digérées de la matière, qui sortent de la substance de ces mixtes, comme les esprits qui sortent des yeux de chats en fureur, des vers luisants, &c., & nous mettrons ces esprits au rang des principes les plus actifs des sujets qui les produisent : & en conséquence, je crois avoir raison d'attribuer un caractère lumineux aux trois principes actifs, qui sont l'esprit, le sel & l'huile, lorsqu'ils sont séparés des principes passifs, qui sont la terre & l'eau : ceux-là principes de ténèbres, qui empêchent que tous les mixtes ne soient lumineux.

Pour mettre cette lumière d'autant plus en évidence, considérons ce que c'est qu'une flamme. Les Philosophes modernes conviennent que c'est un amas de corpuscules ignés, séparés de la matière combustible, adhérents les uns aux autres, qui ont trois qualités ; la première, d'être très ronds ; la seconde, très petits ; la troisième, d'un mouvement très rapide.

Quant à la configuration, je ne sache personne qui en ait vu, pour pouvoir décider de la rondeur, car un atome ne peut être visible tout seul : il faut que les principes de tous les mixtes se manifestent par molécules. Au reste, la flamme plus ou moins luisante, est accompagnée plus ou moins de parties terrestres plus aqueuses ; que si on la considère à la sortie de la matière qui la produit, chacun voit bien qu'elle cherche se dissiper à proportion qu'elle s'en éloigne.

Mais si on peut trouver le moyen de réunir & concentrer toutes ces molécules lumineuses, & les fixer, sans doute qu'il en doit résulter une lumière beaucoup plus éclatante, qui, étant fixe, ne pourra point se dissiper ; par conséquent sera perpétuelle.

Car, comme j'ai rapporté dans les Observations que j'ai données au Public, touchant les lampes sépulcrales, au *Journal de Verdun* du mois de Mai 1717, page 319, après avoir expliqué les différentes sortes de feux & de flammes, j'ai établi pour principe de lumière, des esprits très actifs, très dépurés & dégagés de la terre & de l'eau. Or, suivant cette idée, je juge que l'existence perpétuelle de la lumière dans la lampe sépulcrale, est très possible, & qu'elle dépend de la dépuration de la matière, qui sert de base à cet ouvrage. En quoi les Philosophes hermétiques prétendent avoir réuni, comme Penot, au rapport de Faber, dans son *Palladium Spargiricum*. Cet Auteur admet pour cela plusieurs élaborations par lesquelles on parvient à extraire une matière qui consiste en molécules lumineuses réduites à l'état élémentaire, approchant de la nature des rayons du soleil, qui, partant du foyer de ces lampes, se manifestent au travers du cristal qui les contient.

Que si l'on vient à objecter, que sitôt que ces lampes sont ouvertes elles s'éteignent, ce que j'ai de la peine à croire; mais supposé que cela soit arrivé en ouvrant ou cassant une lampe, on peut l'attribuer à une précipitation des parties grossières, d'un air onctueux & épais, d'un souterrain qui lui fait perdre sa lucidité, à peu près comme un miroir, qui, à l'approche d'une haleine vaporeuse, s'obscurcit, & se tache quelquefois pour toujours & plus la glace est fine, plus tôt elle reçoit l'impression d'une vapeur épaisse.

Ajoutez que toutes les matières élaborées, magistralement réduites en quintessence élémentaire, sont toujours avides de se réunir à quelques corps grossiers qu'elles rencontrent, pour leur tenir lieu des principes passifs, qu'elles ont perdus. Exemple : Que l'on jette en l'air une cuillerée d'esprit de vin réduit en quintessence, il ne tombera point à terre ; parce qu'étant avide de flegme, dont il a été dépouillé par art, le retrouvant dans l'air, il s'y attache, & se mêle à sa substance.

Et quoique la matière lumineuse de la lampe paraisse éteinte dans le cas supposé, l'estime toutefois qu'elle n'est que voilée, & que si on la mettait entre les mains d'un bon Artiste, il n'aurait point de peine à lui faire reprendre son ancienne, splendeur ; car tout ce qui, essentiellement & radicalement, contient du feu, peut aisément manifester sa lumière, comme une pierre à fusil, comme une fumée noire & obscure, qui tout à coup produit une flamme ; ce qui a fait dire à quelques Philosophes : *Flamma est sumus accensus.*

Voilà ce que j'avance pour prouver la possibilité de l'existence d'une lumière qui est répandue dans tous les êtres : il n'est question que de la fixer ; & en conséquence, elle luira toujours, attendu que ses parties jointes ensemble à ne pouvoir se séparer, ne pourront aussi se dissiper.

Voyons comme on peut parvenir à la fixation des principes lumineux dont il est question.

Je viens de citer Faber, Médecin de Montpellier, qui enseigne à séparer les principes actifs de sa matière, d'avec les passifs, puis les purifier ; & après les avoir rendu volatils, les fixer, puis les volatiliser encore une fois, & finalement les fixer, qui est le terme de la dernière perfection : en sorte que tous ces principes volatils s'ils n'ont été auparavant bien dépurés & rendus lumineux, n'ayant aucune partie terrestre ou aquatique dans leur mélange, ne pourront pas se joindre pour le fixer.

Mais supposons qu'ayant bien procédé, on aura réussi à faire la matière lumineuse perpétuelle, il la faudra renfermer dans un globe de verre, ou de cristal, bouché hermétiquement car ces sortes de lampes sépulcrales n'ont pas besoin d'évent ni d'ouverture ; à la différence des autres lumières, qui ne peuvent subsister sans air.

La raison de cette différence est encore en ce que l'huile ou la matière des lampes perpétuelles étant fixe, elle est par conséquent très pure, & exempte de cette effumation volatile & grossière, qui est un gaz qui accompagne les huiles communes, & qui fait crever les vaisseaux qui les contiennent ; c'est aussi la raison pour laquelle les feux & flammes ordinaires s'éteignent étant privées d'air, lequel air sert à ventiler & écarter leurs soufres grossiers, dans le centre desquels les particules ignées sont cachées.

Effectivement, pour concevoir une lumière qui se perpétue, il répugne à la raison & à l'expérience que ce puisse être une matière vaporeuse qui la produise ; car la matière lumineuse sera contenue, ou dans un vaisseau bien fermé, ou elle sera dans un air libre, comme d'un caveau ; que si dans un vaisseau fermé, comment s'imaginer qu'un feu ou une flamme renfermée dans un vaisseau, aura pu durer un seul moment sans s'étouffer par sa propre vapeur si dans un caveau, où l'air est libre, la flamme en s'exhalant continuellement, le remplira de ses effumations & attendu que c'est un lieu fermé & environné de terre, ou de murailles, faute d'évent, le retour de l'exhalaison, en circulant, retombera toujours avec plus d'épaisseur sur son foyer : comment se pourra-t-il aussi faire que ce mouvement puisse durer longtemps, sans que le foyer ne s'étouffe, ou qu'il ne se dessèche. Et comme dit Licetus : *Quomodo lucerna vulgaris, sine spiraculo, non extincta brevi foret, vel a sumo suo ante supulchri apertionem suffocata.* Voilà, à mon avis, des obstacles invincibles à la flamme ou à la lumière permanente, dans la supposition d'une matière vaporeuse. Il faut donc conclure, comme je l'ai ci-devant prouvé, que la matière lumineuse dont nous entendons parler, doit être d'une nature toute différente ; qu'elle subsiste par elle-même, étant fixe, très pure & éclatante.

En sorte, que comme on ne peut pas nier qu'un fin diamant ne fasse apercevoir son feu & sa lumière perpétuellement à travers un vaisseau de verre qui le contiendra, sans autre élaboration que d'être poli, on ne peut non plus disconvenir que si ce diamant, ou autre matière approchante, est dûment préparée, on n'en puisse tirer une matière fixe, & pareillement lumineuse, beaucoup plus éclatante, attendu que ses principes ténébreux en auront été séparés.

Entre tous les mixtes, comme nous avons dit, les phosphores, ou matières luisantes, semblent être destinées de la nature, préférablement aux autres substances, pour servir de sujet à une lumière perpétuelle, attendu qu'ils en portent la signature. Pour entrer dans ce détail, examinons comment la nature agit dans les entrailles de la terre, pour produire les pierres précieuses, qui sont brillantes. Les Philosophes conviennent que le principe matériel des pierres précieuses est une eau accompagnée plus ou moins de terre, à laquelle se joint un sel qui a la vertu de coaguler cette eau en pierre, ce qui se manifeste mieux au cristal de roche, qui ressemble naturellement à de l'eau glacée; que s'il lui survient aussi un esprit, ou teinture métallique, elle lui communique son feu, sa couleur & sa lumière: en sorte que l'Artiste voulant imiter la nature, il n'aura qu'à dépouiller une pierre précieuse de sa terre & de son soufre grossier, il en formera une lumière inextinguible. La Chimie enseigne cela parfaitement par ses calcinations, digestions, distillations, sublimations & circulations.

Et quoique je regarde les pierres précieuses comme matière prochaine à pouvoir être élaborées, pour en extraire une substance lumineuse perpétuelle; attendu néanmoins qu'elles empruntent leur feu & leur éclat de la teinture des métaux, je ne doute nullement que de ces mêmes métaux, on ne puisse extraire également des esprits lumineux, principalement de ceux que nous appelons parfaits, tels que l'or & l'argent, comme on verra ci-après.

Licetus, qui a traité, *Ex professo de reconditis antiquorurn lucernis*, fait mention de plusieurs lampes sépulcrales, que les anciens Romains & Égyptiens ordonnaient, après leurs décès, que l'on mît dans leurs tombeaux, pour y être entretenues ardentes par le moyen des huiles communes, que l'on avait soin de fournir à ces lampes, aussi longtemps que leurs facultés leur permettaient de pouvoir y survenir, & ces sortes de lampes finissaient & cessaient de luire, les unes plus tôt, les autres plus tard : de sorte qu'à la seconde génération, on négligeait ordinairement d'exécuter les volontés des défunts sur cet article.

Mais à l'égard de celles dont il est question, qui ont duré ardentes mille ans, & plus, sans que personne y ait mis les mains, & sans qu'on se soit aperçu qu'il y eût aucun réservoir d'huile commune, pour les produire aussi longtemps, on demande la raison pourquoi celles-ci ont pu ainsi persister, & de quelles matières elles pouvaient avoir été composées ?

Ce même Auteur, qui s'attache à décrire celles de Tullia, fille de Cicéron, d'Olibrius, de Pallas, & d'autres, qui ont continué d'éclairer l'espace de quinze cent ans ; dans l'explication qu'il en fait, il donne toujours à connaître que ce qui entretenait la lumière de ces lampes, étaient des matières élaborées magistralement, en leur attribuant le nom de magistère, qui veut dire quintessence.

Quant à la lampe d'Olibrius, qui a duré quinze cens ans, & qui s'est trouvée encore pleine à l'heure qu'elle fut découverte à Pavie, on y lut cette inscription sur une bouteille d'or :

PLUTONI SACRUM. MUNUS. NE ATTINGITE FURES, IGNOTUM EST VOBIS. HOC QUOD IN ORBE LATET NAMQUI ELEMENTA. GRAVI. CLAUSIT DIGESTA LABORE VASI SUB HOC. MODICO MAXIMUS OLIBRIUS ADSIT. IQCUNDO CUSTOS SIBI COPIA CORNU, NE TANTI PRETIUM DEPEREAT LATICIS.

Ces Vers signifient : *Que ceux qui viendront pour enlever ce qui est contenu dans ce vaisseau, se gardent bien d'y toucher, étant une chose sacrée dont on fait offrande à Pluton, qui d'ailleurs est un don.*

Elle a coûté beaucoup de peines au grand Olibrius, qui réduit à l'état élémentaire la matière de son travail, après l'avoir fait bien digérer avant de la renfermer dans ce globe.

Il finit en implorant le recours de quelqu'un, qui veuille bien se rendre le gardien de cette précieuse liqueur.

On voit aussi par cette inscription, que la matière dont parle Olibrius, n'était point commune, & il dit ce qu'il faut, dans ses Vers, pour convaincre de l'existence de la lampe perpétuelle, joint à ce qu'on l'a trouvée ardente passé quinze cents ans ; mais il n'en dit point assez pour enseigner la composition.

C'est de quoi il ne faut point s'étonner ; car on a toujours remarqué que les Philosophes herméticiens, pour donner des preuves de leur capacité, ont dit & fait des opérations surprenantes mais jaloux de leur savoir, n'ont jamais voulu donner à connaître que sous des énigmes, ou figures hiéroglyphiques, les moyens dont ils se sont servis pour les exécuter ; le tout pour se faire admirer & afin que personne ne pût les imiter.

Au surplus, Adolphus Balduinus, un des savants & curieux de nos jours, qui faisait végéter des fleurs en plein hiver, dans son cabinet, enseigne aussi à faire un phosphore lumineux, dans son Livre de *Aura Auræ*, avec du nitre, & raconte qu'il a lu dans Fridericus Gallus, que celui-ci a vu entre les mains d'un Hermite, qui était d'une naissance illustre, une teinture de couleur de grenat, luisante comme une lampe allumée ; sur quoi il exhorte le Collège des Savants, dont il était un membre, à la recherche de la cause de cet effet. Il ne fait point de doute que la matière de la lampe ardente qui fut trouvée dans le tombeau de la Reine Sémiramis, n'eut été l'eau de vie de Nuisement, le *sanguis Alberti* connu des Adeptes,

Un certain Franciscus Cetesius, au rapport de Licetus, disait que la matière en question était une huile extraite des métaux ; & Volfangus Lazius, homme savant, estimait que c'était une huile d'or.

En effet, pour autoriser le sentiment de ce dernier, je dirai que l'on voit les minéraux & métaux se consumer au feu, & que l'or seul résiste, sans rien perdre de sa substance : pourquoi donc à l'imitation de la nature, qui a fait l'or inconsomptible, & cependant susceptible d'ignition, l'Artiste n'en pourrait-il point tirer une liqueur qui ne se consumerait point, & deviendrait le sujet d'une lumière perpétuelle ? comme Isaac, Hollandais, qu'on tient au nombre des Adeptes, enseigne dans ses Œuvres minérales, à faire une eau rouge, qui éclaire de nuit & de jour ; Et finit en disant : *Habes aquam rubram diu noctuque lucentem.*

FIN.

TABLE DES MATIÈRES

OUVRAGE PARTICULIER OU BRANCHE DE NOTRE
ARCANE, QUI EST LE PETIT CIRCULÉ DE PARACELSE

TABLE DES MATIÈRES CONTENUES EN CE LIVRE

(Table apparaîssant dans l'édition originale.
Les numéros de pages entre [crochets] dans le texte
correspondent à la pagination du manuscrit.)

Fin de la Table.